【物語】

耶馬渓案内記

改訂新版

松林史郎

海鳥社

左上から時計回りに，①青の洞門内部，②オランダ橋（耶馬渓橋），③羽高の天然橋，④鮎帰りの滝，⑤羅漢寺
（②④は本耶馬渓町教育センター提供，他は藤田晴一氏撮影）

▲青の洞門と競秀峰

◀耶馬渓ダム

渓石園（池田幹男氏撮影）▶

序

遡ること今から八十四年前、明治三十九年発刊の『天下第一乃名勝 耶馬渓案内記』の復刻版ともいうべき平成時代の耶馬渓観光誌が、松林史郎氏の手により発行されたことは、意義深いものであり時宜を得たものと思います。

明治時代の山国川流域は千古、斧を知らぬ老杉・秀松が清流にかかり見事な景観をつくり出していたであろうと推察されます。以来一世紀近い歳月が流れ、交通体系の整備や河川の改修、護岸、堰堤の構築とつぎつぎに開発のメスが加えられ、より便利に、より快適に、そしてうるおいのある観光地として大きく変貌を遂げております。そして開発が進んだ結果として、かつての史実に富んだ名勝・旧蹟、霊峰や奇岩・巨石の古事来歴が、部分的ではありますが、忘れ去られようとしていることもいつわらざる事実であります。

このときにあたり、伝統文化の灯を絶やすことなく後世に残し、あるいは語り継いでいくことは、この地に生れ育ったわれわれの責務でもあります。

松林先生の学識と研鑽とによって、見事にまとめられた『物語 耶馬渓案内記』は、単に観光案内書としてだけでなく、渓史としても永く書架に保存されなければならないと思います。

近代観光のメッカとしての耶馬渓が、この労作によって、更に一層、観光客誘致に連動し地域の振興に資することを期待します。

広く江湖の関係知己、そしてまた多くの観光の同志のご高覧をお願いします。

平成二年九月

大分県下毛郡（現中津市）
町村長会会長
元山国町長　吉峯高幸

はじめに

日露戦争が終わった明治三十九（一九〇六）年に、郷土文化界の大先達《だいせんだつ》・小川果仙翁《かせんおう》が名著『天下第一乃名勝　耶馬渓案内記』を世に出されてから、大正・昭和と百年近くが夢の間、あらたに平成時代を迎えました。

その間、多くの有志・観光客がその案内記を読み、手にして耶馬渓をおとずれたことでしょうが、わけても文豪菊池寛が、案内記の中の「禅海《ぜんかい》の略歴――羅漢寺記録直写《じきしゃ》」を読み、名作『恩讐《おんしゅう》の彼方《かなた》に』を創作した、その功績の一端は果仙翁にあると言えます。

一方、この案内記が書かれた今世紀の初めから、原水爆の恐怖におびえる今日まで、二十世紀は目をみはるような科学技術の発達で、これまでのどの時代よりも進歩と変貌をとげ、名勝耶馬渓も大きくさまがわりしました。

たとえば、果仙翁の案内記が出たあと、大正二（一九一三）年に初めて山国谷を走りはじめた耶馬渓鉄道は、その後の交通手段の変化とともに姿を消し、案内記にしるされた多くの名勝・旧蹟が名のみの死語と化し、かわって、新しい時代を象徴する新名所や施設がこの耶馬渓に活力と彩りをそえるようになりました。

郷土を愛した果仙翁の後塵《こうじん》を拝し、翁が険山幽谷《けんざんゆうこく》の秘境にまで足跡をしるされた名勝案内記に、非才をかえりみず、新しい「時」と物語性を加えさせていただき、読みものふうにまとめてみようと思いたちました。

むかしから「山国谷」といわれてきた耶馬渓は、母なる山国川に洗われながら、四季折々、自然がおりなす美しさと厳しさの中で、おどろくほど多様な物語を、そして耶馬渓ならではの歴史を育ててまいりました。

耶馬渓が物語の宝庫であることに、いささかの誇りと悦《よろこ》びを感じながら、ペンを執りました。

物語の順序は、耶馬渓の入り口から、奥地へと向かってたどることにします。

目次

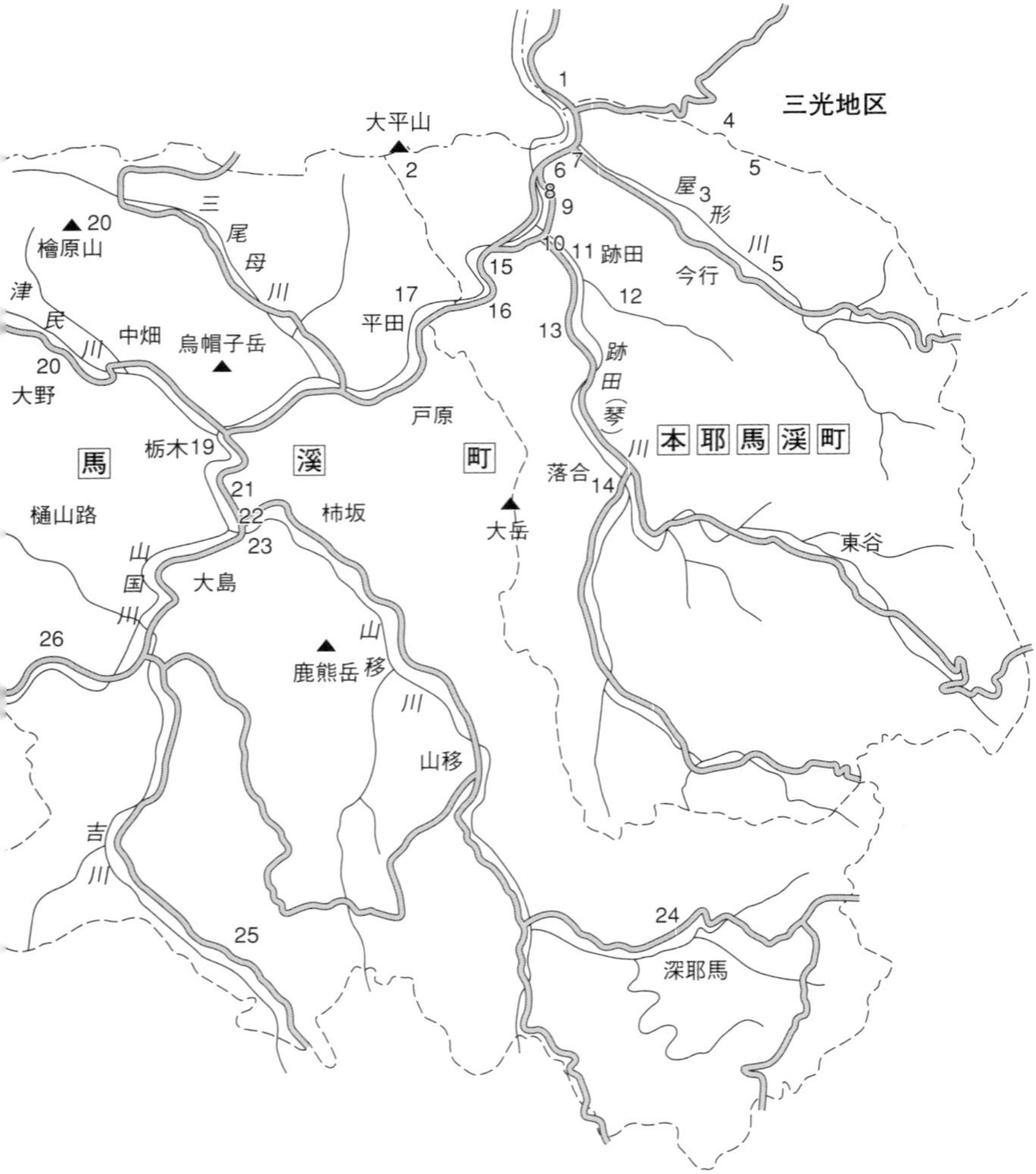

三光地区
大平山
檜原山
津民川
中畑
烏帽子岳
三尾母川
大野
平田
戸原
跡田
今行
屋形川
跡田(琴)川
本耶馬渓町
馬渓町
栃木
落合
大岳
樋山路
柿坂
東谷
山国川
大島
鹿熊岳
山移川
山移
吉川
深耶馬

【物語】耶馬渓案内記・関係略図

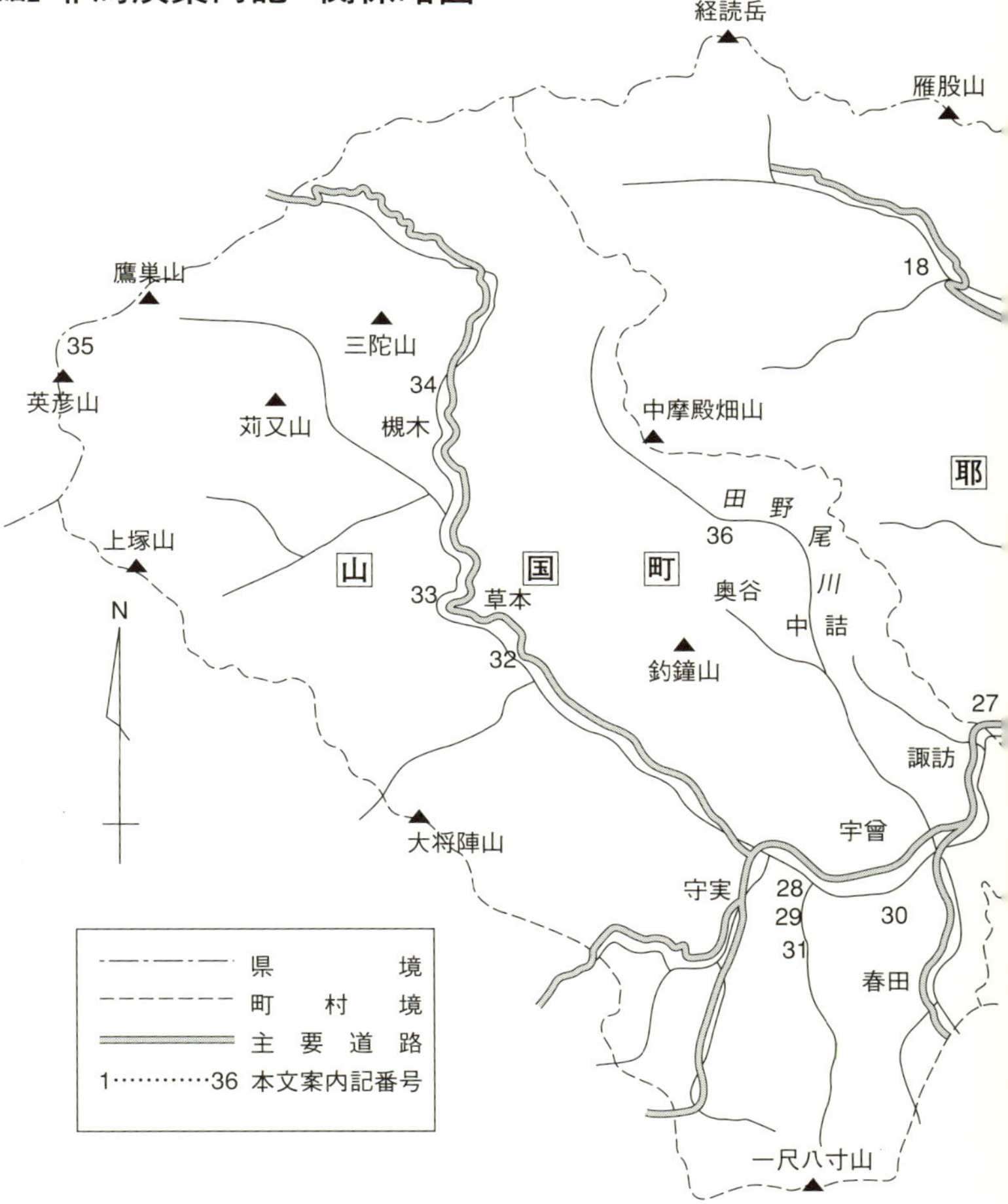

【物語】耶馬渓案内記

1 耶馬渓の表玄関

「ようこそ、耶馬渓へ！」

頼山陽《らいさんよう》が名づけた耶馬渓は、もともと山国《やまくに》川本流に沿った渓谷をさしたものですが、今では中津市、日田市、宇佐市、玖珠《くす》郡の三市一郡にまたがる耶馬渓式岩石と風景の地を広く呼ぶようになっています。

これだけの地域を二日や三日で観てまわるのは無理ですが、本書では、古くから「山国谷」と呼ばれてきた、山国、耶馬渓、本《ほん》耶馬渓の三町に、三光《さんこう》の一部を加えた（現在は中津市）、本来の耶馬渓をみなさんといっしょに拾い歩きすることにします。

中津市街から山国川沿いの国道を南下してきますと、前方左側に軍艦型の四角い稜線を見せる八面山《はちめん》（六五九メートル）と、右側になだらかな盛りあがりを見せる大平山《おおひら》（五九七メートル）がのぞまれます。

二本杉の辺りまで来ると、その二つの山が両側から手をつないだため、路は上り勾配となり、川幅も極端にせばまり、峡谷らしい貌《かお》をみせてきます。

鮎帰り（三光）から仏坂（本町）を望む

「兎跳び《うさぎと》」――兎でも山国川を跳びこせる――といわれるこの奇勝《きしょう》が、古い耶馬渓へ入る最初の関門です。

戦国のころ山国谷を支配した豪族野仲《のなか》氏は、ここに土田《つちだ》城を築いて、北からの敵の侵入にそなえました。

大正から昭和へかけて、「耶鉄」と呼ばれた積木細工のような軽便《けいべん》鉄道が、ここで二つの短いトンネルをくぐり、渓内へすべりこんだものです。

「鮎帰り《あゆがえ》」（三光）、「仏坂《ほとけざか》」（本耶馬渓）の景をぬけると、山国川の対岸から、

「ようこそ、耶馬渓へ。こちらは玄関番の大平山です」

集塊岩《しゅうかいがん》のゴツゴツした岩肌を四季折々の衣裳でかくした大平山が、やさしく手招きします。

2 大平山《おおひらやま》の鬼橋

▼本耶馬渓町曾木
▼バス：中津駅から耶馬渓行き下曾木口下車

おおむかし、大平山に鬼が棲んでいました。ときどき里へ下ってきては悪さをするので、困り果てた里人が、自分たちの守り神さまに、その赤鬼をここから追い出して下さいとお願いしました。

そこで神さまは鬼を呼び出すと、

「おまえは、わたしがこの山にすまわせてやった恩を忘れて、里びとを困らせとるようだが、けしからんことだ。その罰に、今からあの岩と岩との間に橋をかけよ。あすの朝、一番鶏《どり》が啼くまでに架けられぬときは、この山から出ていくのだ」

とおごそかに申しわたしました。

「へ、へい……」

と頭は下げましたが、力自慢の赤鬼、肚の中でせせら笑いながら作業にとりかかります。

ウチワのような手を使って長い石を掘りおこし、岩から岩へ橋をかけはじめました。二抱えも三抱えもある大石を高い岩の背へ積みあげるのは、力もちの鬼にとってもなかなか骨の

大平山の鬼橋

おれる仕事でした。ようやく片方を岩の上へ乗せると、もう一方の端をもって満身の力をこめます。

赤い体が赤黒くそまります。ヨイショ！　コラショ！　とかけ声がかかると、さしもの大石もじりじりと持ち上げられていきます。

どうやら橋ができあがりそうな様子にあわてた神さまは、白い雄鶏《おんどり》に化けると、声をはりあげ、

「コケコッコ！」

と、トキの声をつくりました。

くやしがった赤鬼は、持ってきたショウケを力いっぱい放り投げ、足を踏みならして、西の山奥へ逃げていきました、と。

大平山の東斜面、下曾木《しもそぎ》集落から林道兼登山道を十五分ばかり登ると、右側に「竜王さま」と呼ぶ石の祠《ほこら》が、大樹の根方にうずくまっています。

その辺りから左手の檜林の中を二〇〇メートル余り進むと、小高い尾根が現れます。その馬の背のような尾根に乗って、今にもこけそうなあぶなっかしい恰好の巨石が、岩と岩をつ

なぐように斜めに架かっています。

鬼が放り投げたショウケは、お隣りの八面山で一番高い岩の端に、屋形谷《やかただに》へこけおちそうな恰好でひっかかりました。その場所を「しょうけの端《はな》（鼻）」と呼ぶようになったのは、それからだといいます。

耶馬渓の玄関口にあたる大平山は、北側の豊前海と南側の耶馬渓谷を一望できる名山で、昔から小・中学校の登山・遠足地として親しまれています。また、山麓の不動《ふどう》公園、弘法寺《こうぼうじ》奥の院、宇土山《うどやま》不動堂を結ぶ登山道と、市営キャンプ場入り口から左折する、昭和六十二年に完成した二つの林道兼登山道は、九州自然遊歩道の一部でもあり、春は山菜採りの人たちで賑わうハイキング・コースとなっています。

3 枌《へぎ》の洞窟

▼本耶馬渓町今行字枌
▼国道屋形入口から約四キロ

「いつごろからかな……耶馬渓で人間が暮らしはじめたのは？」

この素朴で興味のある疑問が正確に解明されるきっかけとなったのは、ちょうど、万博《ばんぱく》が大阪でひらかれた昭和四十五（一九七〇）年のことです。

その人は、当時別府大学史学科生の山崎純男《やまさきすみお》さんで、たまたま、県北の縄文遺跡の調査をやっていて、山国川支流の屋形谷へ入ると、村びとから、

「あんホラ穴は、雨のしょぼしょぼ降る晩げは、火の玉がとぶ」

「あんホラ穴からは、貝がらや焼きもんのかけらが、なんぼでん出る」

と聞かされ、考古学研究生としての第六感から手をつけた発掘が、大発見へとふくらんでいったものです。

埋もれた遺物との出会いで始まる考古学上の発見は、偶然によることが多いのです。

朝鮮戦争前年の昭和二十四年、無名の考古学マニア相沢忠洋《あいざわただひろ》さんが、群馬県の赤城《あかぎ》山麓「岩宿《いわじゅく》」から、多くの旧石器を発見したのと似ています。

枌の洞窟

本格的な調査が始まったのは昭和四十九年からで、五十七年の第八次調査まで、本耶馬渓町と別府大学、長崎大学の合同でおこなわれました。

その結果のあらましを拾いあげますと――。

まず洞穴は、屋形川が集塊岩をきざんだ浸蝕洞穴で、間口一一メートル、奥行き九メートル、入口の高さが六メートルの、円形ドームを半切りにしたような形をしており、現在の屋形川からは約五〇メートル離れた、右岸の崖の途中に口を開いています。

発掘が進むにつれて、八千－九千年も昔の縄文時代人、つまり私たちの遠い祖先の暮らしぶりが、かれらが残した遺物や葬《とむら》いの方法などにより明らかになりました。

掘りだした遺物の第一は人骨で、最も深い部分の縄文早期から、一番地表に近い縄文後期まで、七層の生活圏から、成年男子のものや女性、子供にいたるまで、六十七体が掘りだされました。

その中の成年男子三体の胸には石の鏃《やじり》がくいこんでおり、また小児を抱いた女性のものや獣骨製の腕輪をつけたものなど、時代の違う層から、それぞれ違った葬いによる人骨が出土しており、ものいわぬこれらの人骨が、ことば以上のポーズで観る者に迫ってきました。

平成元年四月二十日のＮＨＫテレビで、大分市内の弥生時代の遺跡から、豚の骨が発見されて話題になりました。弥生時代人はグルメだというわけで……。

それより一時代前の縄文時代は、イノシシ、シカなどの野生獣や、海岸が近いことから魚、ハマグリ、アサリなどの貝類に、ドングリやシイの実などの野生植物の種子が毎日の食物で、山国谷に根をおろした縄文人たちは狩猟と採集の原始生活をつづけてきましたので、グルメとは無関係、虫歯のほとんどない丈夫な歯でたくましく生きてきたようです。

縄文時代の決め手である縄文土器（土器の表面に、縄目その他の文様《もんよう》をつけたもの）も、早期の文《もん》のない土器から、後期の多様な文様土器までが出土しています。

私たちの祖先は、なかなかの美的感覚の持ち主だったわけです。

現在、遺跡はもとのように埋められ、発掘された資料は、別府大学と長崎大学とに保管をお願いしてあります。ただし、縄文土器、獣骨製の腕輪、貝殻などは、郷土の歴史資料を展示している、本耶馬渓町跡田の耶馬トピア内「耶馬渓風物館」に保管してあります。

4

八面山《はちめんざん》と矢山彦《ややまひこ》時代

▼三光
▼本耶馬渓町屋形谷

縄文時代の住人たちも、人を愛し、また恐れ、憎んだことでしょう。枌《へぎ》の人骨が語りかける闘争《たたかい》の痕跡《あと》や、親子と思われる合葬骨《がっそうこつ》、死霊をおそれる屈葬《くっそう》の風習が、それをものがたっています。

といっても文字のない原始時代のこと、すべてが想像の世界です。この想像のトンネルを抜けたところで、初めて原始的な農耕社会が始まり、青銅製の武器や祭器が使われ、きらめくような人の世の恋が生まれます。

「矢山彦時代」のさわやかな幕明けです。

「矢山」の名の起源については、この山から矢竹を採ったから「箭山《ややま》」というとか、山の形が八方から見て同じような姿だから「八面山」というとか、とにかく、沖代《おきだい》平野の南方はるか、三光と本耶馬渓町屋形谷との間に腰をすえた、男らしい山です。

そのころ、この矢山を根城《ねじろ》に、山の幸を追う狩猟の民が住んでいました。首長を矢山彦（比古）といい、二十歳《はたち》を過ぎたばかり、筋骨たくましい剽悍《ひょうかん》な若者でした。

当時、矢山の北西部三口《みくち》の辺りまでは、今の豊前海がおだやかな入江をつくっており、その三口から佐知《さち》へかけての海辺には、漁をなりわいとする海幸族《うみさち》が住んでいました。でも、その山人と海人との間に通いあうものはありませんでした。

そんなある日、矢山彦は、ひとり弓矢をたずさえて狩に出かけました。と、行手にそよぐ草むらのかげから、突然、あざやかな毛並をおよがせながら、一匹の大鹿が飛び出してきたのです。

「獲物だ！」

手早く矢を射かけましたが、一瞬はやく、鹿はしなやかに跳躍していました。舌打ちしながら、矢山彦は走りました。かれは、めったにし損じたことのないハンターでした。

いつの間にか、鹿を追って、これまで足を踏み入れたことのない、佐知の海岸へ出ていました。そこは山国川の河口だったのです。

逃げ場を失った大鹿は、山国川へ身をおどらせました。

河岸まで追いつめた矢山彦の眼に、ふと異様なものが映りました。川の中から頭を出している岩の上に、人魚かと見まがう美女が打ち臥しているのです。

矢山彦が目をみはったとたん、人形はザブンと流れに身をなげると、そのまま岸へ向かって泳ぎつき、矢山彦の前を、恐れ気もなく、裳《も》をひきずりながら去っていきます。

えもいわれぬふくよかな香が、矢山彦の鼻腔をくすぐりました。

「……あ！　待ってください、お姫さま……、お、お訊ねしたいことが……」

かれは夢中で声をかけます。

下屋形から八面山（しょうけの端）を望む

「わたくしに？」

と、振りかえった人魚姫は、初めて婉然《えんぜん》と笑いました。

「あなたは、どなたのお姫さまで……また、お名前は？」

「わたくしたちの土地へ断りもなく足を踏み入れた方です。あなたのお名前からうかがいましょう」

「いや、これは失礼を。山人《さんじん》の長《おさ》矢山彦です。鹿を追うて、いつの間にかここへ……おかげであなたに会うことができました」

「海人《かいじん》の長、魚名《うおな》の娘佐知姫です。鹿は逃がしてやりました。その代わり、わたくしが捕まったというわけです」

佐知姫は声をたてて笑いました。

このものおじしない若い娘に、矢山彦が強くひかれる一方、佐知姫も、このたくましい若者に頼もしい男性を感じました。

その後二人は、どちらからともなく、三口の海辺で語りあうようになりました。

その日、校倉《あぜくら》で漁具の点検をしていた魚名のもとへ、若者たちが慌ただしくやってくると、

「おかしらさま！　申し上げることがあります」

「なんだ、騒々しい！」

いつもなら、この破鐘《われがね》のような一喝でシッポを巻く若者たちが、今日はひきさがるどころか、眼を怒らせアワをとばして訴えるのです。

「なに！　佐知姫があやしい山男と……」

「姫さまを山人に盗《と》られては、海人の面目が立ちません！」

「まちがいないんだな……よし分かった。俺に考えがある」

と、いきりたつ若者たちを去らせます。

姫には見張りがつけられ、外出は差し止められました。

ところが、四、五日たった夜半、疾風のような一団が魚名の屋形をおそい、佐知姫をさらっていきました。

後を追った若者たちも、音を立ててとんでくる矢に射《い》すくめられて、姫の奪回に失敗、こ

れをきっかけに、山人族と海人族とのはげしい闘争が始まりました。

姫を取りかえすため、海人族は最後の攻撃をかけることになり、魚名がヤスをかざして先頭に立ち、矢山彦の守る矢山の岩城《いわじろ》に攻めよせます。

これに対し山人族は、青銅の大太刀を振りかぶった矢山彦が陣頭に立ってむかえ撃つ、そのときです。二人の間にとびこんだ佐知姫が、玉のような嬰児《えいじ》を高々とさしあげ、父の前に進み出ながら申しました。

「おとうさま！　……この児《こ》を殺すか、わたくしを赦《ゆる》して下さるか、どちらかをえらんで下さい」

あやされると勘ちがいした幼児は、モミジのような手をふってはしゃぐのです。

これを見た魚名の右手がゆるみ、ヤスが音をたてて地面に落ちました。

魚名は姫のそばに歩みよると、その手に幼児を軽々と抱きとり、

「おお！　かわいい吾が孫よ！」

やさしく髭づらをおしつけたあと、配下に向かって叫びました。

「みんな、ひけ！　ひけ!!　海人族と山人族のすえながい和解《なかなおり》を、いまここに俺が宣言する」

岩頭をけって、矢山彦が魚名のもとへ駆けよります。

「ありがとうございます。お義父《ちち》うえ!」

「息子よ、孫をたのむぞ」

二人は、しっかりと手を握りあいました。

5

矢山のアバラ堂綺談《きだん》

▼本耶馬渓町今行
▼県道宇佐―本耶馬渓線岩淵より林道五キロ

妖僧・道鏡《どうきょう》の登場で雲ゆきがあやしくなった奈良朝のすえ、神護景雲三《じんごけいうん》（七六九）年のことです。

称徳女帝の勅命をうけた姉広虫《ひろむし》の代行として、和気清麻呂《わけのきよまろ》は、宇佐神宮の神託をうけるためはるばる九州へ下向してきます。道鏡の野望をくじくために共同戦線をむすんだ、藤原百川《ふじわらのももかわ》ら律令官僚の期待をになって。

南都仏教の弊害が宮廷内を深く毒するまでになっており、非常手段によりその剔抉《てっけつ》作戦がおこなわれたのだといわれています。

途中、道鏡の手による執拗な妨害をかわしながらも筑紫に入ります。企救《きく》（北九州市）の湯川《ゆがわ》で、痛めた足を霊水に浴して治したものの、中津の里まで来てまた体調をくずし、とある民家で憩《いこ》ったときのことです。

貴人の難儀と見たその家の老婆が、ほうろくで黒豆を煎《い》ってもてなしながら……。

「ほれ、あのずっと向こうに四角い山が見えましょうがな。矢山ちゅうあの山の奥に、ありがたい観音さまをお祀《まつ》りした洞窟《ほこら》がござりましてのう、そこに湧く霊水《おみず》をいただきまする と、難儀な病もじきに治りまするで」

信心ぶかそうな白髪《しらが》の老婆から、一種の霊感が清麻呂に伝わりました。

さっそく、こころ利《き》いた従者のアバラをその洞窟につかわします。

尋ねたずねて、アバラがようやくその洞窟にたどりついたときは、もはや日は暮れて辺りは闇の中。狼の声に眠りもやらず、夜明けを待つうち、どこからともなくおびただしい猪の群が、牙をふりたてアバラにむかっておしよせてきました。

その物凄い気配に、なかば観念のホゾを固めたアバラは、観世音菩薩の前にひれ伏し、ただひたすらに「般若心経」を誦《しょう》しつづけました。

やがて麓の里で鶏が啼きはじめ、東のかた、宇佐八幡の上空とおぼしき辺りに、五色の光の箭《や》が走ると、不思議や猪の大群は、アッ！　という間に、どこともなく退散してしまいました。

「おれを護《まも》るために集まってくれたんだなあ、あの猪どもは……」

もう一度、観世音菩薩をふしおがんだアバラは、やにわに腰の小刀をぬきとり、窟《くつ》の前にそびえる大楠の幹をけずり、矢立《やたて》の筆をとると、

君がため祈る箭山の岩清水

汲みとらしめよ阿羽羅《あばら》のねがい

と書きのこし、持参の皮袋に霊水をつめ、足もかるく中津へ立ちもどり、清麻呂公へすすめますと、たちまち公の体調は回復しました。

アバラが呟いたように、野猪の群は、かれを護るため猪に扮して駆けつけた、豪族宇佐氏の手のものだったということです。

数かずの瑞祥《ずいしょう》にたすけられ、無事平城京《みやこ》へ帰りついた清麻呂は、さっそく女帝に、「無道《むどう》の人をのぞくべし……」と下った、あの有名な神託を断固奏上《そうじょう》、道鏡の怒りをかい、大隅《おおすみ》の国へ流されますが、女帝の崩御後許されて官位に復し、新都（平安京）の造営など国家事業に功績を残します。

一方、女帝の寵《ちょう》をいいことに、皇位をうかがうという無道の夢をみた道鏡は、女帝の崩御で下野《しもつけ》の薬師寺へ流され、その地で死にました。

なお、屋形の里人たちは、観世音菩薩に詣でて歌をよみ、この洞窟を「アバラ堂（洞）」と呼び、中の迫《なかさこ》川（屋形川の支流）の元水神《もとみずがみ》として崇《あが》め祀るようになったと伝えています。

屋形谷の名勝「中の迫」から、三光村秣《まくさ》へ通ずる七曲峠を尾根づたいに行く道と、枌《へぎ》の上手の集落岩淵からも林道を車で行けるようになりました。

窟内には木造の十一面観音の立像が安置されています。榧材《かやざい》の一木造りで、平安朝後期の作といわれていますが、風化が進んでいて、破損のはなはだしいのが惜しまれます。

時代はさらに鎌倉時代へと下りますが、この屋形谷でもう一つ見落としてはならない貴重な文化財があります。大分県では一番古い国東塔《くにさきとう》です。

国東塔というのは、国東半島を中心に、独特の宝塔（供養塔）が建てられているところから名づけたものです。臼杵の石仏、熊野の磨崖仏《まがい》をはじめ、大分県は石造美術の宝庫です。

枌から約二キロ上流の屋形川右岸、旧屋形小学校後ろの山ぎわ、屋成《やなり》家墓地の中どころに、鎌倉から室町にかけての五基の国東塔が並んでいます。

中世の屋形谷は、宇佐八幡宮の神官をかねた屋形氏の支配地で、今から七百年前、弘安の役の翌年にあたる弘安五（一二八二）年十一月二十九日、当時の支配者屋形諸成《もろなり》が、自分と妻の死後の供養のため建てた宝塔で、一号塔がその墓です。

材質は凝灰岩《ぎょうかいがん》で、初期宝塔の形を示しており、永い間風霜に耐えてきたため、角がとれ優美さには欠けますが、高さ一・五メートルの堂々とした国東塔です（県指定の有形文化財）。

屋成家墓地の国東塔

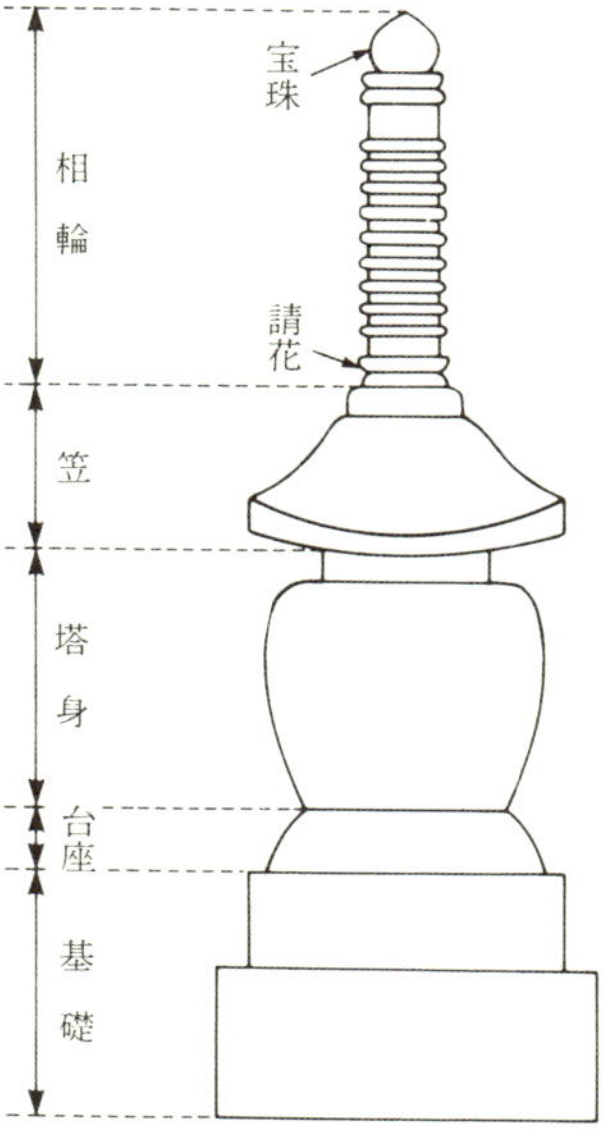

国東塔解説図

6 荒瀬《あらせ》井堰考

▼本耶馬渓町樋田
▼バス：中津駅から耶馬渓行き下曾木入口下車

荒瀬井堰は、山国川で二番目の大井手です。

一番長い三口《みくち》井堰は、お鶴・市太郎母子（姉弟の説あり）の哀れな人柱《ひとばしら》伝説が語りつがれていますが、荒瀬井堰は、それにもましてさまざまな人間模様を織りなしながら、いまも二・五メートルの落差の瀑《たき》となって流れおちています。

小笠原礼法の宗家で、中津小笠原八万石の藩主、修理太夫《しゅりだゆう》長胤《ながたね》が三代目の座についたのが、天和《てんな》元（一六八一）年の正月で、五代目将軍綱吉が「生類憐《しょうるい》みの令」を出す四年前のことです。

「どうだ栗谷《くりや》、お父上の無念をやっと晴らすことができたぞ」

弱冠十六歳の長胤は、近臣にむかって昂然《こうぜん》と胸をはります。

父長知《ながとも》が、世子《せいし》でありながら跡目争いにやぶれ、弟の長勝《ながかつ》に二代目藩主の座をうばわれたことを指すのですが、その原因は長知の方にありました。病弱と女色癖を、初代の父長次《ながつぐ》に

荒瀬井堰

嫌われたためで、自業自得といえますが、息子としては、父親がさぞ口惜しかったろうとの身びいきからです。

それに、二代目長勝が鬱病にかかり、頻繁な寺社詣でや底ぬけの憂さ晴らし騒ぎで、その費用が三千貫にもふくらみ、財政がピンチになると、商才にたけた下級藩士岩波源三郎を登用、酷税の網をうちかぶせて領民の怨みを買ったまま死んだことも手伝い、

「先代とは違うぞ、このおれは」

と、威勢のいいタンカを切ったものです。

当初はその言葉どおり、領内の巡視に出向いたり殊勝《しゅしょう》でした。

そんなある日、近臣の栗谷三左衛門に向かうと、

「これ三左、とびきり領民が喜ぶような仕事はないか?」

その方の手もあがった、大盃《たいはい》をすすりながらの催促です。

「ハァ……実は、このあいだから一つ請願《ねがい》が出ておりますが……なにぶん、先代からの財政難で……」

と、三左衛門があとの言葉を呑みますと、

「先代の尻ぬぐいか、そんな役目は真っ平ごめんだ。日夜領

民のためによかれかしと気をもんでおる、俺の善政にフタをするつもりか、おまえらは」

やんちゃ殿にすねられてはこと面倒、口に出したからには申し上げねばなるまいと、まずは、と頭を下げた三左衛門は、

「先般、今津《いまづ》、佐知《さち》、蠣瀬《かきぜ》の大庄屋三人が連名で、下毛台地一帯の水不足解消のため、山国川に井手をもうけていただきたい、と」

「なぜそれを早う取りつがぬ。財政難というても、水田が増え、米が獲れると取りかえせるではないか。すぐ三人を呼び出せ。俺が直《じき》に願いの筋を聞いてやる」

というわけで、実施の運びとなった工事計画の内容は、樋田《ひだ》村荒瀬の山国川を、長さ約六十間（一一〇メートル）の堤防でせきとめ、下毛台地を中心に、領内の北東部二十八カ村一千町歩（一〇〇〇ヘクタール）へ配水、工事の指図役には下毛郡代で草本《くさもと》金山奉行の片桐九《きゅう》太夫《だゆう》があたり、金山の穴掘人夫百五十人を動員、費用は藩内領民への課徴金で、と決まりました。

こうして、長胤が藩主になって三年目の貞享《ていきょう》三（一六八六）年、山国川の水嵩《みずかさ》のおちる秋口より工事にかかり、三年後の元禄《げんろく》二（一六八九）年に、まず百町歩（一〇〇ヘクタール）の水田をうるおし、引きつづき一千町歩の水路の完成までには、前後八年を要する大工事となりました。

中津城下から荒瀬井堰までは、およそ三里半（一四キロ）の道のり。工事が完成して間もなく、藩主長胤は栗谷三左衛門を供に、お忍びで井堰の辺りまで遠乗りに出かけました。かれには領民のため一つの仕事をやりとげたという満足感がありました。それに、この工事を領民がどう受けとめているか、言いかえると、どんなに喜んでいるかを、自分の眼と耳で確かめたかったのです。

井堰を望む樋田がわの岸に立ちました。暴れ川の牙を秘めた山国川の水勢をそぐため、井手はやや斜めに川をせきとめており、向こう岸の曾木側に筏《いかだ》流しの部分を残して、堅固な石堤が樋田側の取り水口まで延びており、そこから、はるか上流の岩山の根方《ねかた》をひたして満々とした水をたたえています。

長胤のほおに浮かんでいた満足そうな笑いが、ふっと消えました。すぐ川上で、川面を見おろし、大げさに喚いている三人連れが目に入ったからです。ゆっくりと男たちの方へ馬を向けます。

「なにを騒いどる、おまえたちは?」

歩みよった長胤が声をかけますと、

「へい、お武家さま、こねなたまがったことねえす。道が川ん底に沈んでしまいましたんで」

「わしら大根川《おおねがわ》ん百姓でがす。羅漢寺《らかんじ》から英彦山《ひこさん》へのお参り道がのうなりまして」

「行こも、どうしようものうて閉口しとりますんで、あん井手んためじゃと」

相手がだれであるかを確かめる余裕もなく、百姓たちは口々に訴えます。

この地方には、古くから「ウサ・ラカ・ヒコ・クボ」という言葉があり、人は死ぬと閻魔《えんま》さまから、

「おまえは、宇佐八幡、羅漢寺、英彦山、求菩提《くぼて》の参詣をすませてきたか?」

と訊ねられるので、講《こう》を作りなんとか参詣をすませたといいます。

「大根川なら宇佐郡の百姓、知らぬはずはあるまい。荒瀬井手を築いたわけを」

善政の夢を逆なでされた長胤は、かろうじて自分を制しました。

「へイ、そりゃもう、大工事で、村方一統そん尻ぬぐいに泣いとりまする」

「豊前のお侍さまなら、どうか殿さまに」

「えーい、やめろ! おまえら百姓どうしで、水の無い村の苦労が分からんのか! このくらいの川ぐらい泳いでわたれ! 三左、戻るぞ!」

語気をあらげ、馬に一鞭、樋田宿の方角へ駆け去りました。

「泳いで渡れじゃと……」

「おら、金槌じゃ。むちゃくちゃいいよる、あん、若けえ侍」

「ちょっと待てえ……あん侍、菱形の紋があったぞ、冠《かぶ》りもんに」

「そげんいや、たしかに……三階菱……」

百姓たちは、ぶるぶるとふるえ出しました。

一方、長胤は、この遠乗り事件で深く傷つきました。

善政のつもりが意外と評判がよくない。となると、もともと苦労知らず、落ちこみを逆手に荒れはじめました。新米君主の悲劇です。そのうえ、父や先代のいい手本があります。政務は近臣まかせ、華ばなしいご乱行《らんぎょう》となりました。

実は、それ以前から、領民の中から美女百余人を侍女として城中に留《と》めおき、宴楽にふけっていたといいますから、放蕩《ほうとう》の下地は充分です。

元禄二年の六月に、江戸奥詰衆《おくづめしゅう》に命ぜられたのを好機到来とばかり、吉原で豪遊を始めました。

このころになると、とうに良心はどこかへ置きわすれ、国元で高まる悪評に肚をたて、大老犬飼《いぬがい》半左衛門、丸山将監《しょうげん》の二人を追放します。元禄七年正月四日のことです。大貞薦《おおさだこも》神社の神主池永数馬を、犬飼・丸山両人を宇佐まで見送ったという理由で捕え、裸にむきあげて追放する始末です。

また、この年七月には、正義の家臣小笠原彦七ら二十四人がまとめて追放となり、以後、城中は惨《さん》として正論を述べる者もなく、暴君の乱行がつづくのです。

その財源をひねり出すため、先代で評判をとった悪法を復活させたため、物価はうなぎのぼり。領内は疲弊し、飢えた領民は中津城下へ流れこみ、餓死者数千人にのぼるという惨状となりました。

親藩《しんぱん》なみの特権をもつ小笠原でも、これだけの悪政となると、幕府も放置しておくわけにはまいりません。

元禄十一年将軍綱吉の命で、所領は没収、長胤は小倉の小笠原家にお預けとなり、宝永六（一七〇九）年、小倉の配所で四十二歳の息をひきとりました。

長胤が所領を没収された翌日、幕府は、長胤の弟長円《ながのぶ》を、下毛・宇佐・上毛三郡のうち四万石に封《ふう》じ、中津城主としました。特別のはからいです。

荒瀬井堰は、下毛台地一帯に良田を拓《ひら》かせる一方で、小笠原宗家の取り潰しの一因となり、また、青の洞門開鑿《かいさく》の原因ともなりました。

「禅海和尚は、おれが招きよせたんだぞ」

墓場の中で呟いている、三代目の声が聞こえてくるようです。

7 樋田《ひだ》のオランダ橋

▼本耶馬渓町樋田
▼バス：中津駅から耶馬渓行き下曾木口下車

荒瀬井堰の五〇メートルほど下流に、みごとな石造アーチ橋、耶馬渓橋が架けられたのは、大正十二（一九二三）年の三月で、大正九年に着工してから三年の歳月をかけての完成です。江戸時代は、幕府の愚民政策と、費用のかさむ石橋は山国谷の寒村では手が届きかねるため、山国川には橋がなく、山国谷を往来する者の不便は想像のほかでした。

長崎で始まった石造アーチ橋が、肥後をへて豊後に入ったのが明治の後半からで、豊前の山国谷には、大正時代になってようやく本格的な石造アーチが出現、当時開通した耶馬渓鉄道との連繫プレーで、便利になったと同時に、ようやく脚光をあびはじめた観光耶馬渓の景観にメルヘン的趣きをそえることになりました。

全長一一六メートルを八連のアーチで連結した耶馬渓橋は、石造のアーチ橋としては日本一で、山国川三大石橋の一番橋でもあります。

この八連アーチのみごとな連なりが、川幅いっぱいに水瀑を張って流れおちる荒瀬井堰と向かいあう構図は、壮観でもあるし、また詩情をそそります。

競秀峰山頂から見た山国川と羅漢寺橋

名橋耶馬渓橋の一角に立ちますと、歴史を秘めた荒瀬井堰をこえて、三〇〇メートルばかり上流に、耶馬渓観光の目玉、青の洞門がのぞまれますが、国道212号線のコンクリート橋の目隠しでかすんだのが惜しまれます。

なお、この橋をいつから「オランダ橋」と呼ぶようになったかははっきりしませんが、おそらく長崎の石積方式をとったことからではないかと思われます。

青の洞門の上流一キロばかりのところに、二番目のアーチ橋、羅漢寺橋（八九メートル）が山国川をまたいでいます。

この石橋の見どころは、一つの径間が二七メートルものアーチをかけた、雄大で、しかも堂々たる三連アーチ橋であることです。技術的なむずかしさから二回にわたり崩壊するという苦心のすえ、オランダ橋よりは三年早い大正九年に、四年の歳月をかけて完成したものです。耶鉄《やてつ》の羅漢寺駅前にあり、羅漢寺詣でで輻輳《ふくそう》しました。

ところがこちらは、耶鉄が消え、橋の下流約二〇〇メートル、「犬走り」の辺りに、平成三（一九九一）年三月十一日、長さ一二〇メートルのスマートな禅海橋が出現しました。羅漢寺橋を背負い、脚下に犬走りの急湍《きゆうたん》が岩をかみ、前方はるか青の洞門を抱いた競秀峰が、時に衣替えしながら、視野いっぱいに雄大な眺めを見せてくれます。耶馬渓の新名所としての貫禄十分です。

第三の名橋は、大正十二年、耶馬溪町平田《ひらた》の名刹、西浄寺《さいじようじ》門前に架かる馬渓橋《ばけいばし》（八二・七三メートル）です。

8

禅海と青の洞門

▼本耶馬渓町曾木
▼バス：中津駅から耶馬渓行き洞門駐車場下車

八代将軍吉宗が、評定所《ひょうじょうしょ》の門前に目安箱をもうけた享保六（一七二一）年から間もない、ある秋の初め、周囲の山々がうっすらと紅《べに》をかけはじめた山国川沿いの樋田むらで、のちに「競秀峰《きょうしゅうほう》」と呼ばれる大岸壁に向かって、ノミを打ちこむ行者風の男が一人。村びとたちは呆気《あっけ》にとられました。

うわさは忽《たちま》ちひろがり、

「あん坊主、樋田と青《あお》ん間の岩に、穴道を通すんじゃと」

「阿呆らしい、天狗さまじゃあるめえし、人間わざででくるわけがねえぞ」

「い、い、かたり坊主じゃ。はええとこ村を追いださんと、とんだ尻ぬけをくらうぞ」

というわけで、

「これから押しかけて、化《ばけ》ん皮ひんむいてやろうじゃねえか」

鍛冶熊《かじくま》の店さきで顔を合わせた四、五人の村びとが、野次馬心理で現場へのりこみ、

「坊さん、坊さん、そん岩ば削ってどげんするつもりかえ?」

まず、亀五郎という口利《くちきき》が声をかけますと、振り向いたのは、三十前後の眼光炯《けい》々とした、たくましい僧形《そうぎょう》です。

「青むらへぬける穴道を掘っておりますので」

「おまん独りでか？」

「この通り一人です。今のところ」

陽灼《ひや》けした顔に微笑さえうかべ、おちついた声で応じます。

「バカも休みやすみ言うがいい。一人で三丁（三三〇メートル）もある岩を掘りぬけるわけがねえ」

吐きすてるような亀五郎のことばに、

「どうか聞いて下さい。わたしはちゃんと計画をたてて、村役人さまにお願いして始めました。十年、いや、二十年先には、かならず掘りぬいてみせまする」

じっと岸壁を見上げ、

「この岩がどれだけ堅かろうとも、あの危ない鎖戸《くさりど》の桟道《さんどう》にかわる穴道を掘りぬき、諸人《しょにん》を災難から救おうと、神仏に誓いをたてました」

ことばが終わると、また岸壁に向かってノミを打ちこみはじめます。

行者の気迫にうたれた村びとたちは、初めの意気ごみもどこへやら、

「変わった坊さまじゃ。ま、いっとき様子をみるこっちゃな」
鎚音にせきたてられるように、立ち去っていきます。

読者もすでにご存じのように、この回国《かいこく》行者の名前は禅海といいます。

出身地は雪国の高田《たかた》で、福原氏を名のったが、かれの時代には江戸浅草に住むようになっていました。享保の初めごろ両親に死別、無常を感じ、回国行者となって江戸をあとにしたということです。

中山道《なかせんどう》の大垣をへて、上方《かみがた》から四国霊場をめぐり、豊後の別府へ上陸、湯布院の禅寺興禅院で修行、霊照和尚《れいしょうわじょう》から禅海の法名をいただき、再び回国行脚の旅へ出ます。

宇佐八幡に詣でたあと、禅門の霊場羅漢寺への道をたどるうち、はからずも、鎖戸渡し《くさりどわたし》の難所で足を踏みはずして山国川へ転落死する惨事を目撃、仏道修行者としての使命感から、この苦難をとりのぞき、衆生救済《しゅじょうきゅうさい》の門を切りひらこうと大誓願をたて、まず、隧道開鑿《ずいどうかいさく》の趣旨を村々に説いてまわったものの、あまりにも現実ばなれした発想に、耳をかすどころか、狂人よ、阿呆よとののしられます。

——今に分かってもらえる……。

素朴な里びとを信じながらも、禅海はみずからを励まし、率先大岸壁に向かってノミと鎚《つち》を振いはじめたのです。

ひと月ばかり経ったある日、足音をしのばせて亀五郎がやってきました。

「あれよ?」

立ち停まって耳をすませます。鎚音が消えているのです。

「とうとうシッポを出しよったな」

したり顔で歩みよります。

ゴツゴツした集塊岩の岸壁に、人一人入れるほどの穴道が口を開いています。

「やや……これはたまげた。掘りも掘ったり、あの坊主本気じゃわ」

と、首をひねっている背中へ、

「やあ、これはようこそ」

禅海が、ズダ袋と、背負ってきた菰《こも》包みをおろしながら声をかけます。

「川を渡って、唐原《とうばる》むらへ托鉢《たくはつ》に廻っとりました」

「へえ、おら、てっきり夜逃げしたと思うたが……なるほど、おまんまの都合もせにゃならんわけじゃのう」

初めて目に温かいものをかよわせ、禅海と穴とを見くらべる亀五郎でした。

時が流れ、一年経ち、二年が過ぎるころには、北側の大岸壁に奇蹟の穴道が大きく口をひらく一方、禅海の鉄石心《てつせきしん》が里びとの心を溶かしていきました。

亀五郎を真っ先に、穴掘りを手伝い、進んで石塊《いしくれ》を運ぶもの、喜んで喜捨《きしや》をつむ者もでてきました。

そのころになりますと、禅海の仕事は、鎚を握るより托鉢に廻るほうが多くなり、そうして得た浄財を基金にして専門の石工たちを傭《やと》いました。石工頭として名を留めているのが、長州府中（長府）の岸野《きしの》平右衛門です。

工事は目にみえてはかどりました。寛延三（一七五〇）年の夏までに（異説あり）、最後の第四洞五メートルを貫通します。

全長三四二メートルのうち、トンネル部分一四四メートル、岩場部分一九八メートル、トンネルの高さ約三メートル、幅二・五メートルの洞門が完成したのです。

三十四歳の禅海が、ひたすら神仏を念じながら、孤独な第一鎚を打ちおろした享保六年から数えて、実に三十年の歳月が流れ、六十四歳の老境に入っていました。

彼は、この大事業の完成について、その締めくくりを考えていました。故郷を遠くはなれて悲願の大事業をなしとげた、その喜びと願望とを後世に伝えようとの願いです。

その計画の内容が正確に判明したのが、完成後二三〇年を経た昭和五十六（一九八一）年

青の洞門

六月のことで、かれが洞門完成を記念して石工頭に彫らせた地蔵菩薩（禅海地蔵）像の移転にあたって、その台座の中から発見された禅海直筆の板書きによってです。

禅海は、まず板書きの表に、この洞門を開いた自分の名前と住所、先祖名をしるし、「寛延三年八月吉日」と結んだあと、この穴道は、中津御領内ならびに公領（天領）の寄合で造ったもので、御公儀へは、唐《とう》原《ばる》村の大庄屋乙衛門《おとえもん》以下八カ村の庄屋一同で願い出て許可されたと述べています。

裏面《りめん》には、この穴道が、諸方面の助力と万人の功徳によって成就したので、ここに地蔵菩薩を建立するが、その供養のため、田畑一反弐拾四歩半を羅漢寺に差し上げる。このことについては、庄屋、組頭、五人組の証文を羅漢寺に納めるので、今後のご回向《えこう》、供養をお願いする。

「寛延三年八月吉日

羅漢寺様　　真如《しんによ》禅海これをしるす」

とあります。

さらに、洞門完成から五年後の宝暦五（一七五五）年、ま

青の洞門の入り口

たまた羅漢寺へ田畑一丁余りと銀二貫匁を寄進しています。

一介の回国僧禅海にこれだけの蓄財ができたのは、彼が洞門完成後、青側の入り口に小屋がけの料金徴収所をもうけ、通行人から、人四文、牛馬八文を徴《ちょう》したからで、今の道路公団そのものであり、その先見の明に脱帽しましょう。

吝嗇《りんしょく》のためにしたのではなく、寄るべき故郷をもたない彼は、そのころ、羅漢寺境内に自分の墓所《はかしょ》をもとめており、また、先祖、自分をはじめ、万人衆生《しゅじょう》の永遠の供養を願うため、蓄財のほとんどを羅漢寺へ寄進したもので、かれ自身、羅漢寺の一角、智剛寺《ちこうじ》に近い三五郎屋敷で、安永二（一七七三）年八月二十四日、八十八歳で没し、その骨を念願どおり羅漢寺に埋めました。

禅海と青の洞門が有名になったのは、菊池寛の『恩讐の彼方に』が、大正八（一九一九）年一月号の『中央公論』に載ってからで、禅海の死後百五十年経ってからです。

果仙翁が案内記の中に加えられた「羅漢寺記録直写――禅海略歴」を下敷にして、洞門の開鑿と仇討《あだうち》咄を結びあわせることで、広く反響を呼びおこしましたが、史実そのままではないというのが最近の説です。

平成二年八月十五日、洞門広場で催された、「禅海記念ふるさと祭り」の場で禅海和尚銅像の竣工除幕式が盛大に行われました。一・二五メートルの自然石の台座の上に、右膝をつき鎚を振りあげた一・四〇メートルの迫力ある銅像です。

禅海和尚の業績をたたえ、「禅海の心と力で町づくり」を目ざす町民の熱意が実ったものです。併せて菊池寛への感謝をこめて、文豪のレリーフも同所に飾られました。

なお、銅像とレリーフの製作者が佐藤正八氏で、撰文は私、書が神野哲氏であることを付記しておきます。

9

金龍《きんりゅう》和尚と競秀峰《きょうしゅうほう》

▼本耶馬渓町曾木
▼バス：中津駅から耶馬渓行き洞門駐車場下車

耶馬渓を代表する名勝は、なんといっても青の洞門を胎内に抱いた競秀峰です。

競秀峰の名は、禅海が洞門を完成させてから十三年目の宝暦十三（一七六三）年、羅漢寺十二世の無学《むがく》和尚にまねかれて来渓した、江戸浅草の金龍山浅草寺の著名な学僧、金龍敬雄《けいゆう》和尚が、競い立つように天をつく大岩峰のつらなりを観て、命名したといわれています。

二人は親しく青の洞門の現場にのぞみ、

「禅海の功績は、まさに菩薩そのものですし、山水の美しさは、会稽山陰《かいけいさんいん》と同様ですね」

と、敬雄が所感を述べますと、

「この奇勝も、僻地の名もない村にありますので、残念です。どうか御坊で名前をつけていただけませんか」

と、無学の懇請に、

「千巌《せんがん》の競い立つさまは、実に素晴らしいものです。競秀峰というのはどうでしょう」

江戸の高名な坊さまが九州へ来て、新名所を誕生させたのも、面白い取り合わせです。

人工にこだわり、洞門の感想を述べることなく通りすぎた頼山陽の来渓より、五十五年前のことです。

宝暦から四年後（一七六七年）の春、無学和尚が蔵経《ぞうけい》を請うため京都にのぼったとき、滞京中の金龍和尚へ、書面をもって禅海は洞門開鑿の銘文を請います。

青の洞門と競秀峰

おそらく禅海は、四年前、無学を介して敬雄に会ったとき、かつて自分が住んでいた江戸浅草浅草寺の碩学《せきがく》が下向してきたことに、名づけがたい親しみを感じ、感激し、期待したにちがいありません。彼はつねに孤独でしたから。

敬雄も、四年前に観た洞門開鑿の偉業を回想し、かれの功績を右に刻して不朽に残すため、喜んで碑の序文ならびに撰文を書きました。

その内容は長文のため割愛しますが、敬雄和尚が感激をこめて書き、禅海が喜びの泪《なみだ》をながしたでありましょうこの碑文は、なぜか建立されることがなく、今日にいたっています。現在、この文書《もんじょ》は本耶馬渓町の樋田家に所蔵されています。

競秀峰の景観は、樋田側から一、二、三の峰、えびす岩、鬼面《きめん》岩、大黒《だいこく》岩（帯《おび》岩）、妙見《みようけん》岩、殿《との》岩、筍《たけのこ》岩（釣鐘岩）、陣の岩、八王寺岩（夫婦岩）など、集塊岩の巨峰、奇岩が、北から南へ、約一キロにわたって連なっています。

風景学の権威で林学博士、田村剛氏の競秀峰評に、

「旧耶馬渓の真珠といってもよい競秀峰に面し、詠嘆久しうして去るに忍びず。競秀峰の一角だけで、優に天下の奇絶として誇るに足るものがある。岩峰の雄渾なる輪郭、その雅致《がち》に富める皺、その寂《さび》たる色彩、凡《すべ》ては形容の外《ほか》である」

しかも、競秀峰の真価は、それが、山陽のいう単なる自然の木石、流水だけの集合体でないところにあります。集塊岩をうがった入魂の青の洞門と、山脚を洗う山国川の清流をかさねて、掬《く》めどもつきない有情《うじよう》の景を創りだしているところに、その価値があります。

峰から峰へ、妙見窟、梵字窟、不動窟、清水窟など、点在する多くの洞窟には、苔むした宝塔や石仏が安置されて、素朴な信仰の香が漂っています。かつてこの峰の一角にあったという、阿呆《あほう》寺と呼ぶ大伽藍の伝承や、戦国時代の鎖戸《くさりど》城、さらにさかのぼれば、景行天皇の熊襲征伐に名の見える、青、白二賊が棲んだという、青の原鬼の岩屋伝説などと、深く歴史を刻んだ競秀峰です。

競秀峰を観るため、洞門をくぐりぬけて、禅海手掘りの岩肌にもふれながら、岩峰の真下

から振りあおぐのが一般的ですが、最上の観方は、山国川対岸の遊歩道を歩きながら観賞することです。

また、国道212号線の完成で、競秀峰の西一キロの三日月神社前、七仙橋《しちせんきょう》の辺りから、中津方面へ車を走らせながら観る方法があります。フロントガラスを透し、はるか彼方の競秀峰が、車の進行につれて、グングン拡大しながら正面から迫ってくるさまは、シネマスコープのスクリーンに向きあったような、圧倒的な迫力があります。決して急ぐ必要はありません。安全速度でけっこう愉《たの》しめます。ただし、最近は電線や家屋の増加で、いささか興趣をそがれます。

その他、峰伝いに競秀峰を縦走するハイキング・コースも、若人の心をとらえるでしょうし、また、雲の競秀峰、雨あがりの霧のたなびく競秀峰は、南画《なんが》の世界にあなたを案内します。

10

中島の琴川由来

▼本耶馬渓町跡田字中島

青の洞門から七〇〇メートルばかり上流の山国川に、今は名のみの「犬走り」と呼ぶ名勝があります。羅漢寺耶馬渓を流れ下ってきた支流の琴川（跡田川）が、ここで本流と出合います。

いつのころからか、「犬走り」に近い、とある岩陰を庇《ひさし》にした茅屋《あばらや》に、法忍《ほうにん》と名乗るめしいの旅僧が住みつきました。美しい妻をつれていましたので、たちまち村じゅうの評判となりました。ことに若者たちは、

「法忍にはもったいないぞ」

「そうちこ、宝のもちぐされじゃ」

寄るとさわると、毒のある噂ばなしに花を咲かせるだけでなく、不遠慮に家の中を覗きこんだりします。

法忍のするどい感覚は、その都度、不安なおののきにさいなまれるのでした。

若々しい、張りのある唄うようなその声と、手さぐり、足さぐりで触れあうなめらかな肌

のほか、知ることのできない愛のもどかしさも、修行の足りないおのれのせいにして、恥じいる法忍です。近ごろ、朗らかすぎるように思われる妻に対しても、口には出さず、ただ、ひたすら愛しつづけています。

貧しい法忍は、働かねば食べていけませんでした。習いおぼえた琴を背に、雨の日も風の日も、近在の村をめぐり歩きました。

そんなある日、法忍はいつもより遠い村まで足をのばし、その疲れた足をひきずりながら、吾が家へ帰ってきました。なぜか、その日は胸さわぎがしきりで、不思議に思いながらも、ようやく吾が家の門口、

「おまん、いま戻ったぞ」

いつものように恋しい妻の名を呼びました。

「あーら、お帰りなさい！」

と、少し甲高《かんだか》いが、甘い鈴をふるような声といっしょに、足音とかぐわしいにおいが法忍を包むのでしたが、どうしたことでしょう、今日はしんとして、辺りに物の気配がありません。

一間きりの茅屋、確かめるまでもなく、法忍は杖を投げだし、ころげるように中へ入ると、見えぬ目をすくい上げながら、妻の名を高く低く呼びかけるのですが……。

——もしかすると向かいの村へでも……。

と、思いかえして門口を出ると、少し歩いて妻の名を呼び、耳をすませます。

だが、返ってくるのは、岸壁を這う冷たい木魂《こだま》だけ。

――おまんが……自分のもとを去った……。

留守中に何が起こり、どんな事情で姿を消したかは分からないが、日ごろから恐れていたことが事実となって、法忍を打ちのめしました。
二、三日、食もとらず物狂いしたあと、呆けたように村の辻をさまよいながら、妻を捜し歩くのでした。
ある日、そんな彼の耳元へ、ささやきかける声がありました。

「法忍よ、あきらめたがええぞ。おまんは悪いおなごじゃ。猟師の留吉と駆けおちしよったわ」

法忍は崩れるように、岩の上へ腰をおとします。

「やっぱし、そうじゃったか……」

信じようとしていた女に、無残に裏切られた痛みで、全身から力がぬけおちていったのです。

夜が来ました。その場に打ち倒れていた法忍は、冷たい川風に目をさましました。まだ、自分が生きているのが不思議でした。

今は、何の望みもない。この世に生き恥をさらすよりはと、瀬音をたよりに、川岸へ這いよろうと体をよじりました。ふと、その手が琴の糸にふれました。法忍の中で稲妻のようにあるものが閃《ひらめ》きました。

「そうじゃ、忘れておった。絶対におれを裏切らぬものがここにある。この愛琴《こと》だけは、今の自分に応えてくれるはずじゃ。この哀しみに……」

琴を抱きあげると、やさしく頬ずりしたあと、酔ったように爪びきはじめます。

三日目の朝が来ました。竹のように痩せおとろえた法忍は、岩畳の上で、しっかりと琴を抱いたまま、眠るように息をひいていましたが、その清らかな魂は、羅漢寺の御仏、閻浮提《えんぶだ》金《ごん》観世音菩薩のみちびきにより、涅《ね》槃《はん》の世界に再生したのでした。

琴川のせせらぎが、玉をころがすような琴の音色を川面にひびかせるようになったのは、それからだといわれています。

閻浮提金観世音菩薩像

11

桜山《おうざん》と中島の馬渓《ばけい》文庫

▼本耶馬渓町跡田字中島
▼中島バス停から約二五〇メートル

「犬走り」から三〇〇メートルほど跡田川《あとだ》（琴川）をさかのぼったところで、川が二つに割れてできた小島《こじま》の正面に着きます。

この中河原《なかがわら》（嶼水園《しょすいえん》）の一角に、耶馬渓唯一の史料館がどっしりと大屋根をひろげています。

史料館の創設者が小野桜山《おのおうざん》です。

ペリーが浦賀に来た嘉永六（一八五三）年の七月二十三日、桜山は、備後国（広島県）安《あん》那《な》郡十九軒屋村に生まれました。

幼年のころから小林大晋につき漢学を学び、長ずるにしたがい、詩、書、画三道のほか、篆刻《てんこく》、茶道にまで修業の領域をひろめました。

明治二十（一八八七）年、三十四歳のとき来渓、平田の西浄寺に寄食するうち、頼山陽と同じく耶馬渓独得の風景に魅せられ、耶馬渓を永住の地と決めます。

やがて、この山間の僻地に文化をおこす念願をたて、二十六年より全国各地の名家をたずね、これまでに習得した学芸を披露することで、和漢古典の蒐集に奔走、まず、最初の文庫、反古《ほご》文庫を創設します。三十二年、文庫を羅漢寺指月庵《しげつあん》に移し、馬渓文庫とあらためます。大正六（一九一七）年には、蒐集古書《しゅうしゅうこしょ》が一万巻にも達したため、指月庵から琴川の中河原に移します。また、その間、耶馬渓の山水を守るため、耶馬渓保勝会《ほしょうかい》を創設するやら、中河原を見おろす中島の丸山に学び舎《や》をもうけ、若者たちの育成にも努めました。

昭和九（一九三四）年、老境に入ったため、その身を門人の岩淵兄弟の家へよせ、兄の精次郎が朝鮮に渡ったあとは、弟の正義《まさよし》夫妻の心のこもる介護のもとで、昭和十二年六月二十六日、八十五歳で、禅海と同様、耶馬渓の地で永眠しました。

桜山はまた、仏教の信仰があつく、かつて交わりのあった本願寺派の碩学《せきがく》・島地黙雷《しまじもくらい》が、インドの仏跡巡錫《じゅんしやく》のおり招来した仏舎利《ぶつしやり》を、馬渓文庫に寄納をうけたことから、耶馬の地に宝塔を建てることを念願にしましたが、これを知った北九州信光芳徳会《しんこうほうとくかい》の小林弥三氏ほか有志の骨おりで、昭和四十三年十月、白亜の耶馬渓仏舎利塔が、桜山ゆかりの丸山の地に建立されました。

桜山と岩淵兄弟

岩淵兄弟は、本耶馬渓町東屋形に生まれました。

耶馬渓風物館

兄の精次郎（明治十八年生まれ）は向学心がつよく、少年のころから桜山に師事しました。

桜山は気むずかしい性格で、部屋の出入り、盆の持ちかた一つにも厳格なところがあり、精次郎だけがよくこれに堪えて師に仕えたといいます。

明治四十四年、身内の事業たてなおしのため渡鮮、京城《けいじょう》市内に染物工場を新設、事業は成功、大分県人会の副会長もつとめました。

昭和二十一年十一月、敗戦で日本へ引き揚げるときは、彼の人徳をしたい、韓国の有志が耶馬渓の自宅まで、護衛をかねて送ってきたというエピソードの持ち主です。

韓国にあっても、常に馬渓文庫への援助をつづけ、昭和十六年には、奈良県の橿原《かしはら》文庫を模して、校倉造りの馬渓文庫新館を建設、戦後は、これを「耶馬渓風物館」（文部省から博物館相当施設の指定をうける）とあらため、その維持運営につとめました。嶼水園内にキャンプ場をひらいたのもこのためです。

昭和五十三年病にたおれると、風物館の建物、書籍その他数千点の資料を町に寄贈、名誉町民に推挙されました。翌五十五年に死去、九十四歳でした。

弟の正義《まさよし》（明治三十一年生まれ）は、兄の華々しい活動にひきかえ、何事も兄を表に立て、自分は黒子の役に徹しました。

禅海と同じく、単身故郷をあとにしてきた桜山にとり、岩淵兄弟は師弟の契《ちぎ》りをこえた深い縁《えにし》に結ばれた間柄でした。

昭和九年、齢《よわい》すでに八十一、病がちの桜山を中島の自宅に引きとった正義は、夫婦ともども心をこめて看病にあたる一方、耶馬渓の寒気から師を守るため、自分の朝鮮での体験を生かし、自宅の一部を改造して、オンドルの設備をほどこした――まではよかったが、床が温められると、突然、桜山は喚きながら、近くの西大作《にしだいさく》の家へかけこみます。

「助けてくりい！　……正義がおれを焼き殺そうとしとる！」

＊「耶馬溪風物館」は、平成四年（一九九二年）に現代的な建物として生まれ変わりました。現在は、桜山先生ゆかりの蔵書ならびに郷土の歴史資料を展示している風物館と、地元名産のそば製品を中心とした施設となっています。施設全体は、平成九年（一九九七年）に、国土交通省から「道の駅」としての認定を受け、「耶馬トピア」という名称の下に、多彩な催しものを展開中です。

12
羅漢寺物語

▼本耶馬渓町跡田
▼中島バス停から約一キロ

天正九（一五八一）年の十月、大友軍は、彦山焼き討ち部隊の半数を彦山に張りつけたま
ま、次の獲物を求めて薬師峠を下ってきました。
足もとの山国谷も、燃えるような紅葉《もみじ》の季節でした。
総大将は、大友宗麟の二男田原親家《たわらちかいえ》ですが、実際の指揮官は、親家の伯父（母の兄）で、
大友家出頭家老《しゅっとうがろう》の田原親賢《ちかかた》（紹忍《しょうにん》）です。
親家は天正三年、父の宗麟も六年に、それぞれ受洗《じゅせん》した切支丹ですが、奈多八幡の大宮司
家の出である紹忍は、キリシタンとは相容れない立場にあるものの、地位を守るためには手
段を選ばぬ悪名高い武将です。
峠から山国谷に下りついたところで、紹忍が持ちかけました。
「この谷を下っていくと、羅漢寺という古寺《ふるでら》があるが、豊前では彦山とならぶ霊場と威張
りおる。どうじゃろう、ここまで出張《でば》ってきて素通りする手はあるまい。坊主どもを顫《ふる》えあ
がらせてやるか……」

同じ豊前宇佐の山奥、妙見岳城の城主で豊前探題のかれのこと、このあたりの事情には通じているし、若い親家がかならず乗ってくると読んでいるのです。

「きっと父上も喜ばれよう、頑強な宗門の敵に鉄槌を加えてくれたと」

予想どおり、親家は声をはずませます。

「殿に喜んでもらえると、わたしも好都合じゃ」

姉が宗教問題で離縁され、また、自分が総指揮官を務めた日向遠征に大敗したあとであり、紹忍はなんとしても宗麟の親任《しんにん》をつなぎとめたい心境です。

柿坂で夜営、翌日も山国川に沿って下り、峠道にかかります。

「また峠か、羅漢寺はまだか？」

うんざりしたような親家の問いかけに、

「へい、この峠を越しまするとやんがてのこと羅漢寺でござりまする」

道案内の里人が答えます。

峠を越え、西側から迫った岩峰の根方を洗う洞鳴峡《どうめき》をぬけると、急に視界が展け、色づいた稲田との境に低い岩峰群が連なり、その後方に、一段高くそびえ立つ岩山の中腹に点在する建物がのぞまれます。

「おう、あれに見えるのが羅漢寺じゃな」

紹忍が馬の手綱をひいて声をあげます。かれも実際に羅漢寺を見るのは初めての様子です。

「高慢な！　よくもあの高みに」

親家も、不思議なものを見るように、その辺りに目を据えます。

大化元（六四五）年というから、気の遠くなるような大昔。天竺の法道仙人《ほうどうせんにん》がこの地に霊気を感じて錫《しゃく》を留め、閻浮提金《えんぶだごん》の観音像（金剛仏）を安置したことにこの寺は始まると伝えており、胸を突くような急坂の上に、巨大な岩窟を庇《ひさし》にして建てられた、天然の山塞《さんさい》でもあります。

大友軍はまず、山麓の坊や寺院のほか、琴川対岸の寺々までも焼きはらって気勢をあげたものの、本堂ははるか雲の上。

急を聞いて駆けつけた野仲方の地侍や土民たちが、要所要所を固め、石や矢で迎え撃つため、攻めのぼることができません。

彦山とはまるで勝手のちがう手合わせのまま、夜を迎えます。

「左近はおらぬか！　左近を呼べ！」

いらだった親家が、篝火《かがりび》を背にして声を張りあげました。

岩屋左近は親家自慢の若武者で、軍中随一の鉄砲の名手です。

主君の声に、急ぎ馬前に手をつかえますと、

羅漢寺山門

「左近、あの山門の辺りに怪しい火の動きがある。目障りじゃ、撃て！」

すっくと身をおこすと、左近はまず、ゆっくりと十字を切り、愛用の鉄砲を目の高さに、しずかに狙いをつけます。引鉄にかかった指が、徐々にしぼられていきます。

まさに、轟然と銃声がとどろくかとみえた刹那、一瞬速く、山門から撃ち出された一条《ひとすじ》の光が、空中で大音響とともにはじけ、アッ！という間もなく、大友軍は地面に叩きつけられました。

「仏罰じゃ！　ぶつばつじゃ！」

おののき混乱する兵士たちのために、攻撃は中止されました。

二豊（豊前・豊後）の多くの寺社が焼き打ちにあった中で、この羅漢寺だけは大友軍を打ちはらうことができました。

一説に、無漏窟《むろうくつ》前に眠る竜が火を吐いて、聖山の危機を救ったとの言い伝えもあります。

一敗地にまみれた親家・紹忍のコンビは、こりもせず、翌天正十年には宇佐八幡宮を焼きはらい滅びへの道を急ぎます。

以下は、簡単な羅漢寺案内。

寺歴

羅漢寺と呼ばれるようになったのは室町の初めで、豊後田染郷《たしぶのごう》の円龕昭覚《えんがんしょうがく》禅師が入山してからのこと。つづいて来山した出雲雲樹《うんじゅ》寺の逆流建順《ぎゃくりゅうけんじゅん》という僧が、千体地蔵、五百羅漢、そのほか多くの石仏作りに力をかし、寺の基が成ったといいます。

三代将軍足利義満の帰依をうけ、仁王門の扁額「羅漢護国禅寺」の寺号と、寺領一五〇町歩を賜わったといいます。天正九年、さきの兵乱にかかりますが、慶長五（一六〇〇）年、長州深川の大寧《だいねい》寺より鉄村玄策《てつそんげんさく》禅師が入山、それまでの臨済宗を曹洞宗にあらためる一方、細川忠興《ただおき》の帰依をうけて一山の復興につとめます。江戸時代は、幕府より十万石の格式を与えられ、明治初年の廃仏毀釈騒ぎを凌いで今日を迎えます。

参詣の道しるべ

青の洞門から約一キロ、車なら五、六分で羅漢寺表参道の登り口に着きます。石段を登っていくと、百間《ひゃっけん》馬場と呼ばれる六一〇メートルに及ぶ旧道の石畳と出会います。昭和五十六（一九八一）年に新しく葺きかえられた仁王門をくぐり、不動坂を登れば山門です。宇治万福寺の即非《そくひ》和尚の筆になる「嗜闍崛《きしゃくつ》」の扁額が、昭和十八（一九四三）年の大火にもめげず参詣人を迎えます。

羅漢寺の窟内

山門の左手前、岩庇に屋根をかけたお堂には千体地蔵がならんでいます。

山門をくぐると無漏窟。中には石像の五百羅漢たちが千差万態の顔をならべています。昔は、この羅漢像に逢いに来たのが、今は、現世利益《げんせりやく》をシャモジですくい取ろうと、窟は内も外もシャモジの花ざかりです。よほど効験《こうけん》があるにちがいありません。

無漏窟から「針の耳」と呼ばれる狭い穴道をぬけると本堂。昭和十八年、麓の、門前地区の火事で飛び火して焼失、昭和四十四年再建されたもので、総《そう》欅《けやき》造りの本堂が、巨大な集塊岩の岩庇にだかれて鎮座しています。

本堂前の見晴らし台からの眺めは、やはり青葉か紅葉の季節が最高です。

なお、参詣道には、仁王門の手前で左手の岩屋根を上り、三《み》廻《めぐ》りの塔、左京の橋を経て、リフトからの道と交わる健脚コースと、正面参道登り口の禅海堂（禅海の坐像、墓碑を智剛寺から移したもの）横からリフトを利用する当世型コースが賑わっています。

13

跡田《あとだ》の鎮西義塾まぼろし

▼本耶馬渓町跡田
▼中島バス停から約〇・七キロ

耶馬トピアから車なら四分、跡田川の左岸・名刹羅漢寺と向かいあう高台に、鎮西義塾の跡地が残っています。

戦国のむかし、大友氏の兵火で焼けうせた西光寺《さいこうじ》跡に、明治八（一八七五）年の春、旧中津藩の御典医村上田長《でんちょう》らの骨折りで、羅漢寺境内の私塾水雲館《すいうんかん》を移転開塾した学校です。和、漢、洋の三学を修学する、山国谷には珍しいユニークな学校というので、その年の暮れには塾生が二百をこえたといいます。

塾長は玖珠郡出身の陽明学者村上作夫で、英学は中津の高木喜一が担当します。おりから九州の天地は、薩摩を軸にして激動のきざしをみせており、日ごろから、西郷南洲の思想、人となりを慕う村上塾長は、自分の代りに、門弟の江藤孝元《たかもと》（若松雅太郎《まさたろう》）を薩摩へ派遣するなど、南洲翁を師表《しひょう》の原点にすえ、子弟の陶冶《とうや》に力をいれました。

塾の敷地は傾斜地のこと上下二段になっており、遠方からの塾生のため寮と教場に分かれていた模様です。

鎮西義塾跡

現在、上段へ通ずる崖下に、珍しい横穴式の井戸（当時のもの）が残っていて、湧き出る清水は今も地主の津留《つる》家で使われています。

塾生には、のちの東京美術学校長村上真次郎《しんじろう》や、旧森藩主通靖《みちやす》の世子《せいし》、久留島通簡《くるしまみちふみ》子爵などが在籍していますが、このことは、村上塾長の人望と、玖珠という地縁によるものだと思われます。鼻繰《はなぐり》峠の代官道《だいかんみち》の石畳を踏んで、玖珠方面の塾生は跡田の里へ入ったものでしょう。

明治十年四月、西南の役が始まって間もなく、鎮西義塾は原因不明の火事で焼失、村上塾長の病いと重なり、わずか二年で廃校となりました。夏の夜空に咲いた花火にも似た短命さが惜しまれます。

資料を調べているうち、在籍者の中に、森藩よりはずっと遠い、玖珠の延長線上の旧秋月藩士、臼井六郎という名前が私の目を射ました。

かれは日本最後の仇討ち人として知られている人物で、その当人がまさか耶馬渓と関係があろうとは、将《まさ》におどろきでした。

慶応四（一八六八）年五月二十三日の深夜、秋月の自邸で、のちに秋月の乱をおこした同藩保守派の若者数人により、父の臼井亙理《わたり》および母を惨殺されたのが六郎十歳のときで、その後、犯人名を突きとめ仇討ちを決意、父が愛用した短刀を胸にしのばせ、当時上京していた犯人を追って上京したのが明治九年八月、十八歳のときですから、鎮西義塾にはちょうど一年ばかり在籍したことになります。

仇《かたき》の一ノ瀬直久《なおひさ》が裁判所勤めで、甲府、名古屋と居を移すので、なかなか所在がつかめず苦労を重ね、その間、山岡鉄舟の書生となって飢をしのぐなど苦心のすえ、東京に舞い戻った一ノ瀬が、京橋の秋月黒田邸へ碁をうちにくるのを突きとめます。

明治十三年十二月十七日、黒田邸へのりこみ、上京後四年目にして目的を達し、京橋警察署に自首します。

すでに、明治六年に仇討ちは禁止されていましたので、禁固終身刑をうけ服役しますが、二十二年、憲法発布の恩赦により釈放となります。実刑九年間のもっそう飯でした。

14

落合の志士高橋清臣《きよおみ》

▼本耶馬渓町落合
▼中島バス停から約五キロ　落合御祖神社社家

「新しい日本の夜明けのために尽すこと三十余年、明治維新を目前にして捕らえられた清臣の自殺説は、真っ赤なウソの皮、真相は、幕府側による無残な謀殺《ぼうさつ》です」

郷土史家のT氏は、こう前置きして語りはじめます——。

間宮林蔵がカラフトを探険した翌年の文化六（一八〇九）年、清臣は豊後の国玖珠郡田野村、白鳥《しらとり》神社の社家《しやけ》に生まれました。

父相模《さがみ》の教えをうけ、幼少より古典にしたしみ、国学修業のため、日田、熊本などへ遊学します。天保元（一八三〇）年、二十一歳で歌学研鑽のため上京、大納言中山忠能《ただよし》ほか諸卿の邸へ出入りするうち、公家のおとろえと幕府の専横を目のあたりにして、倒幕の大志をいだくようになりました。

滞京十年ののち、天保十一年六月の帰国にあたり、彼のために催された歌会で、公卿たちはそれぞれ歌をおくって別れを惜しみました。その中から中山大納言の歌一首。

不知火《しらぬい》の築紫《ちくし》もはてはあるときけど

なごりのなみだつくしたてれば　忠能

清臣が、いかに堂上諸家《どうじょうしょけ》に敬愛されていたかを知ることができます。

帰国すると間もなく、現在の本耶馬渓落合の、御祖《みおや》神社の神主高橋出雲《いずも》の養嗣子《ようしし》となり、数年間は義父の代役をつとめるかたわら、近隣の子弟を教えます。

器用な性格《たち》で、木工細工の小物を作ったり、神楽を上手に舞ったと語りつがれていますが、寺子屋教育や祭礼《まつり》の神楽舞《かぐらまい》、または木工細工といい、清臣がなんとか草深い山村に溶けこもうと努めている姿が目に見えるようです。

弘化四（一八四七）年、都から叙位任官《じょいにんかん》（従五位下《じゅごいげ》伊賀守《いがのかみ》）の沙汰が下りますと、積年の志望をおさえかね、まっしぐらに上京します。三十七歳でした。以後は、筋金入りの志士として、東奔西走の日を重ねていきます。

高橋家には、飄然と出ていき、風のように舞い戻る清臣のため、変装用の衣服に小道具が幾とおりも用意されていたといいます。

「そら、神官さんがやっちくるぞ！　急いで戸を閉めろ」

というわけで、天下の動きを知らぬ里人たちの冷たい目も覚悟のまえ、九州はいうにおよばず、東は水戸までもの精力的な遊説行と、学識や年齢に加えて、堂上諸卿と深いつながりがあることから、咸宜園《かんぎえん》出身の長三洲《ちょうさんしゅう》と共に、二豊草莽隊《にほうそうもうたい》の中心的人物となっていきます。

安政四（一八五七）年、幕吏《ばくり》の目をくらませ、同志の集合場所にと、御祖神社の後にそびえる木ノ子岳（六三〇メートル）山麓に草庵をむすびます。

玄関の柱かくしにしるされた歌に、

下濁る世にうきすみの隠れ家は
　鴬《うぐいす》ならで問う人もなし

挙兵計画が具体化してきました。

まず、日田布政所《ふせいしよ》と四日市支庁を同時に襲撃、日田郡代窪田治右衛門《くぼたじうえもん》を血祭にあげ、次いで宇佐神宮の奥の院、御許山《おもとやま》に錦旗《きんき》をうちたてたうえ、二豊の諸侯、村々に檄《げき》を発しよう、というふうに……。

ところが、慶応元（一八六五）年十二月、密告により山荘が日田農兵隊の襲撃をうけます。平田村・城井《きい》神社の神主、太田大隅介《おおたおおすみのすけ》をはじめ数人が捕らえられ、長三洲ほか多くは長洲へ、その他は地下に、同志は四散しました。木ノ子岳山荘事件です。

清臣は、同志の原田七郎とともに宇佐郡の安心院《あじむ》へ逃れ、従兄《いとこ》の重松義胤《よしたね》方に潜伏、再起をはかります。御許山挙兵の総帥《そうすい》に花山院家理卿《かざんいんいえまさきよう》をお迎えする使命をおびて、七郎と二人、中津港を発ったのが、慶応三年正月七日のことです。

運悪く、この船には小笠原藩の役人、上条藤太《かみじょうとうた》が乗っていました。彼は二人を怪しみ、船頭を問いつめて二人の身元を知り、機会をうかがううち、船が逆風に流されて佐賀関へ入港したのを幸い、早船《はやふね》を仕立てて大坂町奉行所へ急報します。そのため二人は、大坂港へ入ったところで逮捕されます。

十五日間にも及ぶ拷問にも、口を割らぬ二人をもてあました幕吏は、所轄《しょかつ》の日田へ送りかえすことにします。

火輪船大有丸《かりんせんだいゆうまる》は、潮の速い伊予灘を、西へ向かって浪頭を切りさいています。前方はるか、国東半島の影が濃くなってきます。

機関室の罐場《かまば》の隅に、菰《こも》をかけた死体が二つ、菰からはみ出た棒のような足は、爪をはがれ、どす黒い血がこびりついて拷問の跡がありあり。

「ご一同、今から両名の死にざまにつき、拙者の申すことをよーく聞いてもらいたい」

須賀という大坂からの護送役人が、死骸のかたわらに突っ立っている五、六人を見廻しながら声を張りあげます。機関の音で、そうしないと聞こえないのです。

「計画が破れ、前途にのぞみを失った両名は、生きて九州の土を踏むことを恥じ、帰国の途中自決を思いたったが、侍でない哀しさ、警護のすきをうかがい海中へ身を投げた。気づいた我々は直《ただち》に引きあげたが、間にあわなかった。いいですか、二人は自分で自分の生命を断ったのですぞ。自殺です。そのことを知る者は、今、ここに集まった者だけ、他の者にもさよう説明してもらいたい」

こうして二人の自殺説が大手をふってまかり通ることになりました。高橋清臣五十八歳、原田七郎五十一歳でした。

御祖神社

二人の死骸は三佐《みさ》（大分市）へあげられ、岡藩の手で日田へ送られました。

――じょうだんじゃない。十五日間もあの手この手の拷問でボロボロに傷んだ重傷者を、蒸気船の罐場の隅に、犬か猫のように繋ぎ止めたんじゃから、初めっから手を下さずになぶり殺しよ。考えてもみるがいい。船底に繋がれた半死半生の重病人が、自力で甲板に匍《は》いあがれるかどうか……。そのうえ、突っ走る火輪船から、流れの速い伊予灘に身をなげた二人を、うまいとこ拾いあげたと……あんまりコケにするんじゃねえぞ、おれたちを……。

と、呟いた正義の士がいたわけです。

義憤にかられ、ひそかに落合の高橋家へ、二人の死の真相を知らせていたにちがいないのです。

　二人の最期から一年余り経った慶応四（一八六八）年四月、清臣の養嗣子《ようしし》秀雄《ひでお》が、日田の浄明寺《じょうみょうじ》河原に埋め棄てになっている死体の引き取り方を中津藩侯に、同二年には日田県知事松方正義《まつかたまさよし》に願い出た嘆願文に、現場での目撃者でなければ語れない内容が述べられているのです。

「前略　大坂表で召捕《めしと》りにあい、蒸気船にて下向《げこう》。海路火車《かしゃ》のそば、蒸気甚だしき所へ押しこめ、焚死《ふんし》候おもむき、誠に火焙《ひあぶり》の刑罰同様の横死《おうし》仕《つかまつり》候（後略）」

大正四（一九一五）年、国は、この埋もれた草莽に正五位を追贈《ついぞう》して、ようやくその殉難《じゅんなん》にむくいました。

　残された二豊草莽隊は、二人の志をうけつぎ、慶応四年一月十五日、とにかく御許山に錦旗をうちたてます。

15

賢女岳《けんじょだけ》と才女子刀自姫《ことじひめ》

▼本耶馬渓町多志田
▼中島バス停から約一キロ

舞台は山国川の本谷。牧歌的な王朝時代に帰ります。

夫の、下毛郡の長官蕨野勝宮守《わらびのまさのみやもり》に先立たれた子刀自姫は、美人でかしこい女性でした。そこで、日ごろから恋いこがれていた近在の若者たちがわれがちに言い寄る中で、屋形の小《こ》磨《まろ》、樋田の午飼《うまかい》、蕨野の綱手《つなで》、跡田の具足《ともたり》の四人は、昼となく夜となくつきまとうので、困り果てた姫は、やむを得ず一計を案じ、四人の恋狂いをたしなめることにしました。

まず、午飼に、

「午飼さん、そんなに私につきまとうなら、私にもたのみがあります。夫の宮守は、生前こんなことを言っていました。お空の星が落ちて地に花と咲いたなら、どんなにか見事だろうと。もしあなたが、お空の星の一つでも落として地に花を咲かせたら、それを手折《たお》って宮守の霊にささげましょう。そしたら、あなたの望みはかなえられますよ」

そして、小磨には、

「小磨さん、あなたの力で山国川の水を逆さに流すことができたら、私はきっと貴方の力量に感動して、あなたの願いは達せられましょう」

また、綱手にはこう言いました。

「綱手さん、西からお日さまの出る世の中になりましたら、私は宮守のことを忘れて、あなたの妻になりましょう」

四人目の具足には、錦の袋を見せて、

「山国川の川上、草本の里には、砂金が山ほど溜っている淵があると聞きました。その砂金をこの袋一杯に詰めていらしって、宮守の霊前に供えたら、私があなたと結婚することを宮守の霊はゆるすでしょう」

恋に狂った四人の男は、分別よりも、自分が一番先に姫と夫婦になりたいばかりに、それぞれ泪ぐましい活動を開始します。

まず、午飼ですが、長い竹竿を何本も継いで、その先に竹箒をくりつけ、星月夜の晩、一生懸命に星を落とそうと空を掃いていました。

通りかかった友人の鍬田《すきた》が、闇の中で目を光らせました。

「おーい！　箒一本動かすのも嫌いなおまえが、一体なにをしとるんだ？」

「あの一番光る星を掃き落とすんだ。子刀自姫との約束だから」

午飼は真剣な声を張り上げます。

「たわけめ！　屋根に上がって掃け」

なるほどと、屋根へ上がって掃いているうち、足をすべらせて地面へ真っ逆さま。午飼は腰の骨を折って寝こんでしまいました。

屋形の小磨は、山国川の水を逆さに流して、われこそ見事金的を射とめてくれようと、大勢の人夫を駆り集め、土俵を山と積んで山国川をせきとめました。そこまでは上出来でしたが、待っていたように暴風雨がやってきて大洪水となり、土俵にせかれた水が一時に切れて、家も田畑も跡形もなくなり、今日の暮らしも立ちかねる貧乏のどん底生活に、恋の望みも水と流れてしまいました。

蕨野の綱手は、八面山の頂上しょうけの端《はな》に高座をもうけ、入り日に向かい三拝九拝して、

「たった一日でよございます。どうか、どうか西からお出ましになって下さい」

と、念じ続けましたが、太陽は毎日、東から出て、西へ沈んでいきます。食事をする間もなく祈りつづけましたので、精も根もつきはて、へたばったところを、村びとが山から担《か》きおろしました。家へ帰り着いた綱手は、ようやく夢からさめた気で、のぞみを棄てました。

四人目の具足は、たかが錦の袋いっぱいの砂金集めぐらいなんでもないわいと、さっそく草本村へ出かけていき、村びとから砂金は千壺峡の滝壺にあると訊き出し、日ごろから水練の達人だったとのうぬぼれも手伝い、淵へ着くなりざんぶと跳びこんだ途端、渦に巻きこま

三日月神社と池

れ、危うく土佐衛門になるところを、様子を見にきた村びとに助けられ、命びろいとひきかえに恋を断念しました。

羅漢寺橋から七仙岩《しちせんがん》と呼ぶ岩峰群を右手に見ながら、五〇〇メートルばかりさかのぼったところで、山国川の右岸に、こんもりと盛り上がった山を賢女岳と呼び、麓に、三日月形の池をめぐらした三日月神社が鎮座しています。

左岸にそびえる山が総見《そうみ》山で、中腹に、立烏帽子《たてえぼし》そっくりの巨大な冠石《かんむりいし》が、ピサの斜塔そのままに、斜めに生えています。ふもとの里を「冠石野《かぶしの》」と呼ぶのはそのためです。宮守が郡司をやめるとき、三日月屋敷から冠をなげたところ、飛んでいって冠石になったといいます。やめた理由は不明です。

冠石野の上流一キロの久福寺《きゆうふくじ》（耶馬溪町）所蔵の記録によりますと、子刀自姫は当国に生まれ、十二歳で南都《なんと》（奈良）に宮仕えし、十五歳で君命により勝宮守に嫁《か》し、宮守が死ぬと、夫の面貌をつくって神床《かみどこ》におき、朝夕これを拝み仕えること十年、四十八歳で死去とあります。

平安の初め、淳和《じゆんな》天皇の天長四（八二七）年、姫は節婦《せつぷ》として天朝から表彰され、『日本後紀《こうき》』にのった賢女で、夫妻の屋敷（三日神社）の後にそびえる賢女岳は、子刀自姫の貞節をたたえて名づけられた名山です。

久福寺内の「円通洞《えんつうどう》」と呼ぶ岩窟内に、寄りそうように夫妻の墓が眠っています。

16

多志田《たしだ》・五左衛門獄門首《ごくもんくび》

▼本耶馬渓町多志田
▼バス：中津駅から耶馬渓行き多志田下車

山国川をはさんで、冠石野《かぶしの》と向かいあった村を多志田といいます。

文化九（一八一二）年八月二十八日の入合《いりあい》ごろ、多志田村の一角、山国川の中洲に建てられた俄《にわ》か造りの獄門台に、この村の庄屋江利角《えりかど》五左衛門、当年三十九歳の生首がすえられました。

中津藩領の多志田村は、水田が十六町歩（一六ヘクタール）で、江戸の初めは三十七戸あった戸数（本百姓）が、寛政の今は二十一戸に減りました。減った理由は、水の便が悪く、毎年のような水飢饉と、重すぎる年貢のためです。

村境の山国川にはあり余る水が流れ下っていますが、なにしろ溶岩地形で、二十戸ばかりの小村ではどうしようもないと、諦めのドン底暮らしを続けてきたわけです。

五左衛門は、二十六歳という若さと、天性の義侠心から、村の窮状を建てなおすため、水路の開削を決意します。

村びとにはかる一方、日田と中津の役所に願い出、工事費は、下毛郡六十カ村の年貢高に五年間上乗せすることで、寛政十二（一八〇〇）年二月、工事に取りかかります。

村境から一〇〇〇メートル上流の森の瀬（天領）で山国川をせきとめ、全長二四〇〇メートルの水路網を、難工事のすえ完成させました。

最後に、長さ九〇メートルの井堰が山国川をせきとめた日、水路のふちに並んだ村びとたちが固唾をのんで見守る中、取水口が開くと、水は奔流となって水路を奔《はし》りはじめました。

「やったぞ！」

期せずして大喚声があがり、われを忘れ、冷たい水路の中へ飛びこむ者もいます。

異変は、その騒ぎの中で起こりました。突然、濁り水が逆流してきたのです。

工事は失敗でした。水盛りに紙一重の誤差があったのです。

責任をとろうとした石工頭の善七を、五左衛門は温かくはげまし、再度の見積りがたてられました。

森の瀬からさらに一〇〇〇メートル上流の原の瀬に堰を築き、水路を延長する案ができあがると、次は、落胆のドン底で嘆いている村びとの説得です。集会の席で、五左衛門は一枚の書き付けを取り出すと、

「この書き付けは、わが家の残り財産一切を抵当にして、一千両を融通してもろうた証文だ。どうか、工事費用に使うてもらいたい」

五左衛門の決意に突き動かされた村びとたちは、ようやく重い腰をあげました。享和三（一八〇三）年一月、小雪まじりの寒風の中で工事が再開され、文化三年三月、二年を加えてようやく完成しました。

寛政十二年に最初のノミを打ちこんでから、満五年の歳月が流れました。ぬるみかけた春の水が、胸のすくような勢いで水路を奔りはじめたとき、村びとたちの眼には泪がにじんでいました。かれらは、自分たちが蒙《こうむ》った負担の重さと、犠牲の大きさに打ちひしがれていましたから。

工事が完成したときには、村じゅうの田畑、山林、家屋敷、牛馬にいたるまでが、借金のかたに奪《と》られ、貧苦とのきびしい戦いが始まっていたのです。水がかりがよくなり、収穫量は増えたものの、それを根こそぎ借金と年貢にもぎ奪られたあとは、腕のつづくかぎりカンノ（焼畑《やきばた》）を拓いたり、自生食を求めて山野をあさり歩く毎日です。

だが、村びとたちは五左衛門を恨みませんでした。「五年の辛抱だ」と、真っ先に丸裸になった庄屋のあとから、歯を喰いしばってついていきます。

ところが、約束の五年が過ぎたのに、藩は工事費名目の加税をやめないばかりか、あれこれ新税の取り立てを始めたのです。

なんとか事態の打開をはかりたいと願う五左衛門の前に、力強い協力者が現れました。宇佐郡赤尾村の庄屋、赤尾丹治《あかおたんじ》です。

実は赤尾村も、灌漑用の水路工事で、多志田と似た事態に追いこまれていたことから、連帯を深めようと、丹治がやってきたのです。五左衛門が三十七歳、丹治が四十四歳の運命的な出会いです。

文化八年に入り、二人は藩庁にくりかえし嘆願をおこないますが、藩はぬらりくらりで一向に交渉ははかどりません。

そのうち、世間がなんとなく不気味な動きをみせはじめました。侍社会のあくどい取り立て策に、我慢をきらせた各地の百姓たちが立ち上がったのです。この年、十一月十八日、豊後の岡藩で一揆のノロシがあがったとみるまに、たちまち野火が走るように二豊の各藩へ飛び火していきます。文化大一揆の始まりです。

文化九年二月十四日の夜、山の手にある大神宮の拝殿へ、蕨野《わらびの》を合わせた多志田の惣百姓五十人ばかりの集まりがありました。五左衛門が使いをうけて駆けつけたときは、評定はあらかたすんだ後でした。

たかぶった表情をおさえて焚火にあたっていた村人が、恐縮したように道をあけます。

「伴六、これは一体なんの寄り合いだ?」

「あっ、庄屋《だん》さん、まずはこちらへ」

小前《こまえ》ながら弁口《べんこう》のたつ伴六《ばんろく》が、すかさず五左衛門を上座へ迎え入れると、

「実は、こんどの世直し騒動、ぐずぐずこいとると、こん村だけが残りかすいなりますけん、このさい、領内の百姓衆と手をつないで、一揆に立ち上がろうというわけで……総大将は、庄屋《だん》さんにお願い申し上げます。はあ、これでいいな、みなん衆」

「どうか、お願い申し上げます!」

と、一同も声をそろえます。

「待った! ちょっと待ってくれ!」

驚いた五左衛門は、手を上げて制すると、

「そうか、おれを信頼してくれるみんなの気持はうれしいが、一揆というやり方は上策とは言えん。こっちにも犠牲者が出る。赤尾とも相談したいし……いや、これは以前《まえ》から考えていたことだが、直訴《じきそ》で体当たりするしかないと思う。これなら、獄門首はおれ一人ですむ」

と、笑って一同を見まわします。

「庄屋《だん》さんを獄門台にかくるなんて、大罰《おおばち》があたるぞ!」

江利門五左衛門碑

反対の声がわきあがり、村年寄の利兵衛《りへえ》のとりなしで、直訴には何人かのお供をつけ、その人選は庄屋《だん》さんにおまかせしよう、ということで、その夜は解散となりました。

大神宮の寄合いから中一日おいた二月十六日の夜、直訴の準備を進めていた五左衛門のもとへ、赤尾丹治から急便が届きました。まわりの情勢におされ、赤尾も一揆に同心と決まったとの知らせ。

赤尾が立つときには多志田も、と盟約《めいやく》ができていたことから、五左衛門は村びとを召集してそのことを告げます。

二月十九日の夜、三日月神社境内に集合した多志田組は、近村の加勢を加えて一千人もの大群衆となって、まず手始めに、山国谷の「恨みある家々」を打ち崩し、山国川を渡り、上毛郡の原井から広津へと押し出し、海岸部を中津城下へ向けて進んできた、二万余の赤尾勢と合流します。

中津藩は、享保二（一七一七）年の入国以来、最大の危機を迎えました。十八日以降、城下の各門を固める一方、

「村々での打ちこわしは、百姓どもの存念《ぞんねん》、

一向に無理ともいいがたし。かれらのするようにまかせよう」

と、弱気の申し合わせをしますが、一揆の大群衆に城下口まで詰めよられると、恐怖を裏がえしに逆上、

「武威《ぶい》がたたぬ。この上は弓鉄砲で撃ちはらうべし」

と、強硬方針に変心します。

山国河原で手を握りあった五左衛門と丹治は、沖代平野一帯に揺れうごく火の海を見ながら、惣百姓の底力をそこに見て、世直しの前兆だと喜びあうのですが、

「あ、こりゃ、いかん！　勝手にお城へ向こうとるぞ！」

丹治が愕《おどろ》きの声をあげました。

「図に乗りすぎたな！　一刻も早う、役人との交渉を」

五左衛門が応ずる間もなく、小倉口御門の辺りではげしく銃声が夜空を裂きました。

混乱が始まり、烏合《うごう》の衆と化した一揆勢は、総くずれとなって散っていきます。

丹治も五左衛門も、いつの間にか相手を見失っていました。

秋風が渡りはじめた八月二十八日、中津城下の東はずれ長浜の刑場で、一揆の首謀者八名の処刑がおこなわれました。その中に、赤尾村の丹治と、多志田村の五左衛門が含まれていました。首は在所へ送りかえされて晒首《さらしくび》となりました。

五左衛門の家は闕所《けつしょ》となり絶えましたが、五左衛門が精魂をかたむけた多志田水路は、今も絶えることなく、多志田の美田を養っています。

明治になり、村びとはその恩に報いるため、五左衛門の供養塔を建て、歳祭《としまつ》りをつづけています。

17

平田の白米城址《まつたけ》と黒田騒動

▼耶馬溪町平田
▼バス：中津駅から耶馬渓行き平田下車

多志田から大きく蛇行する山国川に沿って、国道212号線を「立ち停《どま》り岩」の辺りへかかりますと、川向こうに山国谷には珍しい広びろとした田園風景が展けて見えます。文字どおりの平田の里です。

集落の後ろに、方形の盛りあがりをみせる小丘が目に入ります。平田の古城址です。

八百年ほど昔の建久九（一一九八）年（鎌倉のはじめ）、豊前の守護として入国した、源頼朝の御家人で宇都宮信房《のぶふさ》の弟野仲重房《のなかしげふさ》が、この谷のおさえとして築いた城の一つで、平田掃部介《かもんのすけ》が最初の城番《じょうばん》を務めたといいます。

まず、この城名の読みかたですが、皆さん、白米城を「まつたけ城」と読めますか？　これは城の所在地の字名《あざな》を、町丈《まつたけ》というところからきたもののようですが、もう一ひねりして、平田（松丈）が、山国谷では米の多産地であることから、白米と書いて「まつたけ」と呼んだともいわれています。米余り現象の時代とは感覚がちがうようですね。

城址は公園になっており、忠魂碑などが建ち、里びとは、ただ「城山」とも呼んで親しんでいます。

ところで、この城が、有名な黒田騒動の立役者、栗山大膳《くりやまだいぜん》が生まれ育った城だと聞けば、改めて興味がわくでしょう。

白米城大手口

天正十五（一五八七）年、天下統一をめざす秀吉の命をうけて、豊前中津に入国した黒田孝高《よしたか》（如水《じょすい》）は、鎌倉時代からこの地方に根をはった、名族宇都宮一門の討伐に手をやきます。

上毛《こうげ》（福岡県築上郡寒田《さわだ》）の山中に、鬼ガ城を構えた本家の直系宇都宮鎮房《しげふさ》と、下毛《しもげ》（大分県下毛郡）山国谷の奥地、長岩《ながいわ》城《じょう》にこもる分家の野仲鎮兼《しげかね》が、最も手ごわい相手でした。

天正十五年の十月、鎮房を攻めた黒田長政は、縦深《じゅうしん》二四キロのウナギの寝床のような城井谷《きいだに》にさそいこまれて大敗、攻撃目標を鎮兼に向けかえ、天正十六年四月五日、長岩城を攻めて、三日間の激戦のすえ、野仲氏をほろぼします。

このいくさで抜群の手柄をたてた栗山利安《くりやまとしやす》に、孝高は野仲氏の遺領を与え、残党の蜂起にそなえて、この白米城を居城とさせたのです。

天正十九年、のちの栗山大膳利則《としのり》はこの城で生まれ、慶長五（一六〇〇）年、黒田長政が筑前に転封《てんぽう》するまでの十年間、つまり十歳までの幼年時代を、山国川畔のこの城で育ちます。元和《げんな》九（一六二三）年八月、黒田長政は五十六歳で死にました。死期が迫ったことを知ると、重臣中の重臣栗山大膳を枕元に呼び、自分が石垣原《いしがきばる》（別府市）の合戦で身につけた兜と鎧を託して、不肖の世子、二代藩主忠之《ただゆき》の将来をたのみます。

忠之は、幼少のころから、俗にいう箸にも棒にもかからぬ不良息子で、それを見ぬいた父長政が、直接本人に、
一、二千石の土地をやるから百姓になるか
一、金一万両をやるから商人となるか
一、千石をやるから寺を建てて坊主になるか
三カ条のうちどれかを選べ、と身の振り方を迫ったといいますから、よほどの無軌道者だったにちがいありませんが、結局、長子ということで二代目を嗣《つ》ぎます。

いよいよ天下晴れてのご乱行の始まりです。

児小姓《ちごしょう》の倉八十太夫《くらはちじゅうだゆう》を溺愛して一万石を与え、家老職にすえたりしますが、まだ、その無軌道が私生活面での場合はなんとかつくろいもできたのですが、やがて大船建造、浪人召

抱え、足軽隊の増強と、どれをとっても重大な法度違反《はっと》で、家の浮沈にかかわることになってきました。

先君親任のご意見番栗山大膳は、非常の策として、黒田家と関係の深い竹中半兵衛の孫竹中重次《しげつぐ》が、豊後府内（大分市）で九州総目付の要職にあるのに頼み、幕府に訴状を差し出します。

両者の対決となり、忠之、倉八、大膳以下大勢が江戸に呼びだされ、寛永九（一六三二）年から十年にかけて、延々と裁判がつづいた結果、忠之は不行跡《ふぎょうせき》により一旦領地召し上げ、先祖の軍功により新たに領地をあてがわれます。大膳は、主人を訴えた罪軽からずということで盛岡藩へお預けとなりますが、百五十人の扶持《ぶち》、五里四方は自由に出歩いてもおかまいなしという寛大な内容で、倉八十太夫は切腹を命ぜられ、一件落着です。

折から、外様大名取りつぶしが次々とおこなわれていたときであり、大膳が身を殺して主家を救った大芝居が、黒田騒動です。

流謫《るたく》とはいっても、大膳のそれは悠々自適に近い晩年の東北にあって、遠い九州の幼年時代を、耶馬渓の山河を思い出すこともあったことと思われます。

白米城にほど近い山国川畔に、建久九（一一九八）年、野仲重房が鎌倉の鶴ケ岡八幡宮を勧進《かんじん》して建立した城井《きい》八幡社が鎮座しています。

社前の馬場で流鏑馬《やぶさめ》なども催される、盛大な祭礼《まつり》もおこなわれたといいますから、童子《わらべ》であった大膳が、傅《も》り役の背中に乗って、見物に出かけたかもしれません。

幕末、この神社の神主太田《おおた》大隅介《おおすみのすけ》は、勤王の志厚く、高橋清臣らと交わり、木ノ子岳山荘事件で捕らえられ、日田禁獄《きんごく》三年に及びました。

18

津《つ》民《たみ》の奇岩城

▼耶馬溪町津民字川原口
▼バス：中津駅から耶馬渓行き津民入口乗換え川原口下車

源頼朝が鎌倉に幕府を開いてまもなく、毛並抜群の有力御家人二人が前後して九州へ下ってきました。

豊前の宇都宮氏と豊後の大友氏です。

関白藤原道兼（道長の兄）より出た宇都宮氏に、頼朝の落し種説をもつ大友氏。どちらも中央貴種《きしゅ》の裔《えい》ということで、豊の国地方武士団の棟梁とあがめられ栄えていくのですが、海山の幸にめぐまれ、交通の要衝大分に土着した大友氏がしだいに勢力をのばし、二十一代宗麟の時代には南蛮貿易にも乗り出し、九州の覇者となりました。

一方、人煙もまれな山谷に堅固な城塞を構え、まず身の安全を優先させた宇都宮氏は、領土を豊前の外にまで広げる力を養うことができず、中国の大内、豊後の大友など強豪たちの狩場に一族をさらし、浮沈のときを刻んでいくのです。

柿坂の手前で212号線と分かれ、山国川に架かる津民大橋を渡れば津民耶馬渓です。津民川右岸につらなる岩山をのぞみながら、一〇キロばかり走ると川原口に着きます。

津民川の谷をはさんで、珍しい山城・長岩城《ながいわじょう》と向かいあうことになります。右側、円錐形の扇山《おうぎやま》（五三〇メートル）に、左側の複雑な岩峰帯《がんぽうたい》を組みあわせた、九州では最大級の山城で、銃眼つき石積櫓《いしづみやぐら》はわが国最古のものです。

もちろん、私があえて「奇岩城《きがんじょう》」と呼ぶこの山城の凄さは、樹木に目かくしされ、川のこちら側からは望めません。

建久九（一一九八）年、野仲重房が領内巡視の途中、この山容に霊気を感じ、扇山の山頂に本丸を築いたのが始まりだとか。奥深い山中のため、平時は、津民口の山国川右岸の御屋敷城で政務をみました。

大友氏が二十一代宗麟の時代を迎えるころになると、地の利を得た大友氏に野仲氏は大きく水をあけられます。

国盗り合戦の時代です。弘治二（一五五六）年、宗麟は中国勢に喰いあらされる豊前を手に入れようと動きはじめます。

まず、宇佐郡の三十六人衆を簡単になびかせ、余勢をかって、上毛・下毛両郡の攻撃にのり出してきました。

大友の軍使を追いかえした重兼は、主だった家臣を集めると、宣言します。

「いよいよ合戦だ。豊前にも一人ぐらい骨のある男がおることを思い知らせてやるぞ」

長岩城の石積櫓（藤田晴一氏撮影）

他人の言いなりになるような男ではありません。六尺豊かの堂々たる体軀と、髭面にはめこまれた巨大な目玉は、彼の型破りの人物をあらわしています。

弘治二年四月十九日、六千の大友軍を、千五百の野仲勢はよく防ぎました。十日間にわたる激闘のすえ、最後は、重兼みずから部隊をひきいて討って出る積極戦法で、大友方を苦しめたあと、弟種貞《たねさだ》を使者としてあっさりと降伏します。

喜んだ義鎮《よししげ》（宗麟）は、

「あの男、俺より三つ若いはずじゃが、噂どおり剛のもの。大役を果たした弟共ども、まことの勇将じゃ」

とほめあげ、自分の一字を与えて、以後鎮兼と名のらせたうえ、名馬のおまけまで与えます。二十四歳の青年武将がいくさに負けて男をあげた一幕です。

天狗になった鎮兼は、ここで大きな誤算をおかします。以前から狙っていた、山ひとつ東の大内領馬台城《またいじょう》を勝手に攻めとり、義鎮の怒りをかってしまうのです。

永禄二（一五五九）年、大友軍の急襲をうけ、御屋敷城を包囲され、二度目の降伏を余儀なくされます。降伏の条件が、弟種貞を人質として差し出すことだったため、鎮兼のこころに償いがたい負い目を刻むことになりました。

これにこりたか、その後しばらくは動きをひかえていた鎮兼にチャンスがおとずれます。天正六（一五七八）年十一月、大友軍の日向大敗のしらせです。

洋式火器に魅せられた宗麟が、南蛮貿易とだきあわせのキリスト教に入信、大友王国の全盛期を背景に、キリスト教的理想国家を日向に建設しようとの、理想と狂気をないまぜにした五万の遠征軍を派遣しますが、結果はもろくも島津軍に惨敗します。

敗報は八方へとび、大友支配に不満をいだいていた九州の諸侯や配下の武将が、公然と離反しはじめたときに、大友家では、宗麟にかわり凡庸な義統《よしむね》が家督を嗣ぎます。

このころ、島津の密使を迎えた鎮兼は、好機到来とばかり、天正七年正月九日、初陣の嫡子重貞《しげさだ》（十七歳）と二千余騎を率いて出陣します。狙いは、下毛原《しもけばる》台地から中津平野一帯にかけての、大友方の属城です。

好事魔多しとか。小敵とあなどり油断したのと、隊列に降参人を加えていたのが禍いして思いがけない敗け戦となり、嫡子重貞を人質に差し出しての降伏となりました。四十七年の生涯で、強気に終始した彼がうけた最大の屈辱でした。

しかも重貞は、その年の秋、宇佐郡森山《もりやま》の独居牢《どつきよろう》で淋しく息をひきとります。病死でした。

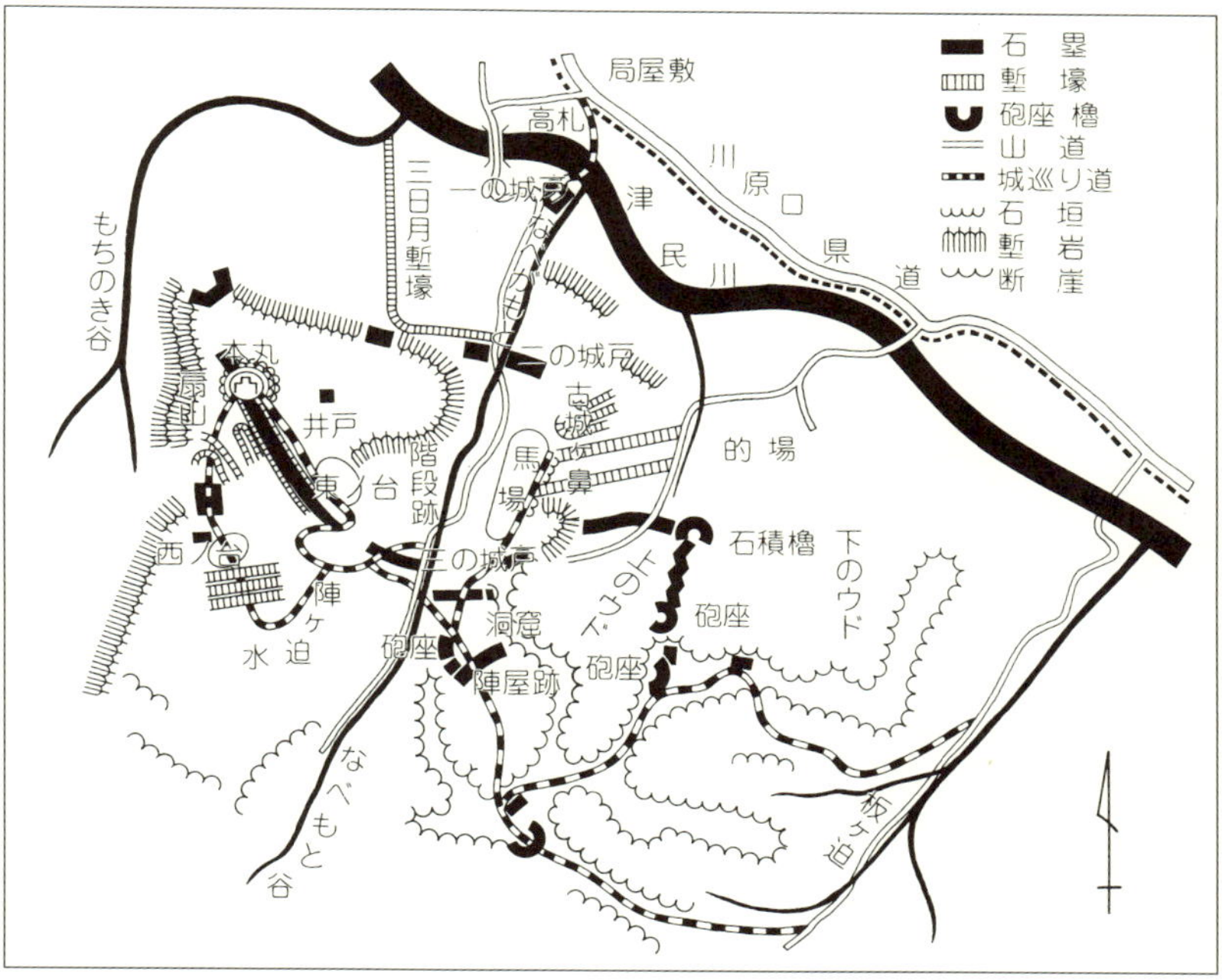

長岩城平面図（長岩城址保存会作成）

送りかえされた遺骸を抱きしめた鎮兼は、あふれ落ちる泪をはらおうともせず、声を荒げて言い放ちます。

「おのれ紹忍《しようにん》！　そっ首刎《は》ねて、義統殿に一礼申そうぞ！」

この一件が、豊前探題をかねる田原紹忍の差金だと知ったからです。

鎮兼は、直ちに重貞の弔《とむらい》合戦に立ちあがります。冬枯れの両午峠《りようご》を越えて上毛郡に侵入、怒り獅子が広野を疾駆するように、次々に諸城を踏み潰していきます。

この急報をうけた紹忍は、おどりあがってほくそえみ、

「血迷うたな鎮兼！　こんどこそは息の根とめてやるぞ」

野仲軍の主力が上毛郡にある隙をつき、兵二千を下毛郡へなだれこませますが、このことを予想していた鎮兼は、諜者の報せをうけると、侵入軍より一足速く、新戦場へ駆け戻ってきました。

大友・野仲最後の合戦、天正七年十二月の上津野《こうづの》（本耶馬渓町落合）の戦いは、こうして始まりました。

初め大友軍は、小勢の野仲の守備軍を圧倒していましたが、城井《きい》峠を駆けくだった野仲の本隊が大友軍に突っこんだのを機に、形勢は逆転、大友軍は多数の死骸を残して敗走しました。

この合戦を区切りに、両氏は休戦状態に入り、閊《つかえ》のとれた野仲氏は全盛時代を迎えますが、弱体化した大友氏に替わり恐るべき強敵が登場してきます。

天正十四年八月、豊臣秀吉から九州の在地領主に対し、島津征伐への参加を要請してきました。全国制覇をめざす秀吉が九州征伐に乗り出してきたのです。

四百年の伝統にこだわる本家の宇都宮鎮房は仮病をつかい、息子の朝房《ともふさ》に兵五百をつけて参陣させますが、鎮兼は丹羽長秀《にわながひで》の東部軍の先鋒となって働きます。

島津が降り、その論功行賞《ろんこうこうしょう》で鎮房は所領を奪われ、鎮兼は本領を安堵《あんど》され明暗を分けました。

だが鎮兼もこのころになると、自分の所領に接する東部六郡へ乗りこんできた、秀吉の代理人黒田孝高《よしたか》との間に、いずれのっぴきならぬ戦《いくさ》がもちあがることを予感、天正十五年の夏から急ぎ長岩城の改修にとりかかります。

島津征伐で見た鉄砲隊の威力と、弘治二年、大友軍に破られた長岩城の弱点を考えての大補強工事です。

長岩城一帯に産する鉄平石《てっぺいせき》という平たく割れる黒石を使って、要所要所に銃眼をそなえた石塁を築いていきました。

天正十六年一月、黒田孝高は中津城築城の手伝いを、六郡の旧領主に要請します。返事は二つに割れました。宇佐の十四人は承知、両毛《りょうげ》の三十余名は頼みを断り対決の構えです。色分けができました。三月、孝高は黒と決まった旧領主の討伐にとりかかります。まず、中津周辺から一城ずつ潰していき、四月、精兵三千五百を率いた黒田長政が、野仲の本拠長岩城攻略にとりかかりますが、その手順はきわめて巧妙でした。

去年の城井谷攻めの失敗から、山国谷の玄関口にあたる土田《つちだ》城主百富河内守《ひゃくとみかわちのかみ》と、裏口に当たる一戸城主中間統胤《なかまむねたね》を二年がかりで寝返らせておいて、四月五日、大手から攻めたてますが、強力な石塁に阻《はば》まれ不利と見るや、百富の手引きで間道《かんどう》から防禦《ぼうぎょ》未完成の搦手《からめて》を衝いたため、鎌倉以来の名城もわずか三日間の攻防で潰《つい》えました。鎮兼五十六歳をはじめ一族三十三人の男たちが、扇山山頂の本丸で自刃して果てました。

鎌倉以来四百年にわたり山国谷を支配してきた名族野仲氏はこうして亡び（本家の宇都宮氏は翌十七年）、その後さらに四百年の今日まで、全山に点在する驚くべき石積櫓の遺構やその他の石塁址《あと》が断崖上にうずくまり、風雪に耐えながら何かを語りかけてきます。

大友吉《よし》(義)統《むね》も関ケ原戦で西軍につき、石垣原《いしがきばる》の合戦で黒田如水《じょすい》（孝高）に敗れて捕らえられ、慶長十（一六〇五）年、彼の死で大友氏も亡びました。

19
綾姫狂乱

▼耶馬溪町津民字栃木
▼バス：中津駅から耶馬渓行き津民入口下車

これは、野仲氏滅亡を暗示する不吉な挿話です。

鎮兼《しげかね》が、日ごろから深く信仰している大貞・薦《こも》神社の社僧宗雅《そうが》阿闍梨《あじやり》は、三密《さんみつ》をきわめた高僧で、世間からもあがめられていました。

これを妬《ねた》んだ同じ社僧の成就坊快宗《じようじゆうぼうかいそう》が、宗雅を陥れて後釜に坐ろうと企みます。

鎮兼の寵臣で、土田城主の百富河内守《ひやくとみかわちのかみ》に賄賂《まいない》をおくり、百富をつうじて鎮兼に訴えました。

「神宮寺《じんぐうじ》の宗雅には、近ごろ謀叛のくわだてがござります」

鎮兼がこのような唐突な訴えをどうして取りあげたか、合点のいかぬところですが、かれに取りいった佞人《ねいじん》百富の巧妙な弁説にまどわされたか、または自家の盛運に心がおごり、平常心を失っていたのかもしれません。

宗雅は、事実無根だと申しひらきを願いますが、「上意である」と、ろくな取り調べもせずに茶臼山で首を打ちおとされます。

神宮寺に、宗雅から目をかけられている宗有《そうゆう》という弟子がいました。

「宗有よ、わたしはこのたび、俄《にわ》かに土田城へ呼び出された。ほかに思い当たることもないが、もし、わたしが生きて戻らぬようなことがあっても、神仏への勤行《ごんぎょう》はおこたるまいぞ」

出頭の通知をうけたあとで、宗雅は日ごろから自分にかしずいているこの若い僧に、ひとこと言葉をかけました。

「なぜでございます？　阿闍梨さま、わけをお聞かせ下さい。どうして生きてお戻りになれないのでございますか？」

泪をうかべて問い詰めます宗有に、宗雅もつい、

「一つだけ思い当たることがある」

と、成就坊と百富との関係を語ったあと、曳《ひ》かれていきました。

間もなく、師が無実の罪で打ち首になったことを知った宗有は、悲嘆と痛憤のあまり、食を断ったまま十日余りで息をひきとりました。

秋が終わり、天正十三（一五八五）年の冬が来ました。

そのころから、御屋敷城の屋形に怪異が相次ぐようになりました。

それは前ぶれで、綾姫十七歳の誕生祝いの宵《よい》のこと、姫を真ん中にならぶ鎮兼夫妻の前で、

机　淵

豊府《ほうふ》から呼ばれてきた白拍子《しらびょうし》が、鼓笛に合わせてあでやかに舞っていますと、突然、一陣の風にあおられて灯火が消えました。

その途端、闇に咲いた蒼白い光の中に錦衣《きんい》の高僧が一人、こつぜんと浮かび出ると見るまに、鎮兼の前に仁王立ちして見おろしていたのが、いつの間にか一丈（三メートル）ほどにも背丈の伸びたのが二人になって、引き裂くような奇声をあげ広間を駆けまわり、跳びかいはじめました。

「おのれ、魔性の怪物め！」

豪胆な鎮兼は、手にした大盃を物の怪へ、太刀を引き抜くと姫の前に立ちはだかり、

「奥よ！　姫をはよう」

と命じておいて、自分は怪物に向かって踏みこんでいきます。

このときです。すっくと立ちあがった綾姫が、うつろな嗤《わら》い声をまき散らしながら、蒼白い光の中を狂い歩きしはじめました。

綾姫狂乱――。

鎮兼夫妻は嘆きかなしみ、城内は息をひそめました。

薬師《くすし》や祈禱師の治療も、いっこうに効き目がありません。

知らせる人があって、当時、高徳のきこえ高い池永の三蔵法師をまねき、城内に護摩壇をもうけ怨霊成仏《おんりょうじょうぶつ》の秘法をおこないましたところ、ようやく験《しるし》があらわれ、快方に向かいはじめました。

そんなある日、姫の局《つぼね》を訪れた鎮兼へ、待ちかねたように姫が話しかけます。

「ととさま、アヤは舟に乗りたい。お舟に乗って、お月さまが観たい」

姫の無邪気な願いを悦んだ鎮兼は、自ら指図して、綾姫の観月会をにぎにぎしく催すことになりました。

その夜は中秋の名月、左三巴《みつどもえ》の幔幕を張った御座船《ござぶね》が、五、六艘の供舟を従え、畳んだように静かな机淵《つくえぶち》を、すべるように往き来しはじめました。

姫の頰にも微笑《わら》いがこぼれ、いかにも愉しそうです。

雲もなく澄んだ夜空に、描いたような満月《つき》が昇ってきました。

紅葉《もみじ》には早いまわりの険しい山々と谿《たに》が、青と紫を溶いた光の中にけぶりはじめました。

異変は、突然起こりました。

ゴーッ！と鳴る葉音とともに、高城山《たかじょうざん》から吹きおろす烈風が川面をたたき、波を逆立て小舟をほんろうしはじめました。

そこへ、横なぐりの雨を衝いて、錫杖《しゃくじょう》を下げもった僧形が二人、ヌッ! と水中から立ち上がると見るまに大洪水となり、舟は次々に転覆していきます。

水中へ投げ出された姫は、若い船頭の三郎太によって岸へ助けあげられたとき、拭ったように本性《ほんしょう》にかえっていました。

強運が自慢の鎮兼は、平田の手前まで押しながされて岸へ匍《は》いあがり、危うく生命びろいしました。

不吉な事件でした。

20

檜原《ひばる》マツとヤンサ祭り

▼耶馬溪町津民
▼バス：津民入口から中畑・大野下車

津民耶馬溪では、大昔から日本の生業《なりわい》である米づくりから生まれた珍しい二つの民俗行事が、数百年にわたっておこなわれてきました。

檜原山正平寺《しょうへいじ》の檜原マツと、大野八幡社のヤンサ祭りがそれです。

津民耶馬溪の玄関口、津民大橋を渡り、渓谷の舗装道路を二キロばかり走りますと、まず中畑です。

集落の北側に、その昔、九州修験道《しゅげんどう》の中核英彦山の衛星道場の一つ檜原山（七三五メートル）が、トンガリ帽子のような、霊山独得の山容をのぞかせています。

中畑から約七キロ、爪先上がりの登山路を上りますと、平坦地につきます。七合目の辺りで、広さ二〇アールほどの神池の周囲は、かつて数十戸の坊舎が建ちならんでいたところ。今は、天台宗正平寺だけが聖地を護持するかのように、しずかに建つ別天地です。

神仏習合の名残を伝える石の鳥居をくぐり、四十五段の特大の石段をのぼりきると、本堂前の広場に出ます。

檜原マツ

上宮へは本堂裏からさらに四キロ、胎内めぐりを愉しみながら登ります。山頂には白山権《はくさんごん》現《げん》が鎮座しています。

檜原山は今から千四百年ばかり昔の飛鳥《あすか》朝の五八八年、正覚《しょうがく》上人によって開かれたといわれ、鎮護国家、五穀豊穣の祈願道場として、戦国ごろの最盛期には三十六の坊中《ぼうちゅう》が建ちならんでいたそうですが、江戸時代二回の火災で建物、宝物《ほうもつ》を焼失、追いうちをかけるように、明治初年の神仏分離令で山伏のおおかたは山を降り、現在に至っています。

正平寺の祭りを檜原マツ（「マツリ」のつまったもの）といい、毎年四月中旬におこなわれますが、英彦山をはじめ豊前地方修験道場のうちでは、古い神仏習合の形を残すただ一つのお田植祭りとして、無形民俗文化財の県指定をうけています。

マツリは、正平寺および旧寺領だった山麓の中畑・上川内《かみかわち》・福土《ふくつち》三集落の信者たちによって執行されます。当日は、地元はもとより、遠く北九州方面からも大勢の参拝者がつめかけ、祭りとピクニックの気分を満喫します。

午前十一時、みこしのお下りで行事が始まり、本堂では、僧侶たちによる法要が営まれます。参拝者は、満開の桜の下や連翹《れんぎょう》の花を背に持参の弁当をひらき、午後のお田植式を待ちます。

午後二時、ホラ貝の音を合図に、いよいよみこしの出発です。ナギナタをかついだ白装束の僧兵を先頭に、お旅所《たびしょ》を発った三体のみこしが、本堂下の石段口までゆるゆるとお上《のぼ》り。ここではげしく練ったあと、本堂へ担《か》き上げられて、ハイライトのお田植式となります。

式は、水とめ、田打ち、あぜぬり、しろかき、と白装束、バチ口笠の男たちの手で田植えの準備が進み、最後に四人の男が登場、お祝いの神歌《かみうた》に合わせ種をまいて終わりですが、それぞれの場面で、演技者と見物人の息の合った言葉のかけあい、素朴でこっけいな演技者の仕草に笑いがはじけて、時のたつのを忘れさせる愉しいお祭りです。

ヤンサ祭り

中畑から長岩城道を約二キロ上ったところが津民の中心集落大野です。

この地に鎮座する大野八幡神社の霜月祭りをヤンサ祭りといいます。

起源は室町初めの応永元（一三九四）年、時の長岩城主野仲弘道《ひろみち》が、鎌倉鶴ケ岡八幡宮を勧請《かんじょう》、このとき、家中の若侍三十三人に餅をつかせたのが始まりといわれます。

ヤンサ祭り

祭りは、新暦の十一月三十日－十二月二日の三日間にわたります。兵と農が分かれていなかった時代のこと、侍も平時は鋤鍬《すきくわ》を握ったもので、餅つきの神事をとおして五穀豊穣を願う、農耕社会に根づいた生産と慰安とをかねたお祭りです。二日目の氏子座のあと、神楽《かぐら》が終わる午後十一－十二時からヤンサ餅が始まります。

最近は若者が少なくなったので人数も一定しませんが、平成元年は、十六人がモト方《かた》とウラ方とに分かれ、白鉢巻にふんどし一つになって、三升三合三勺を七臼半につき上げました。まず、モト方が木臼と杵《きぬ》を準備します。杵は突く方の皮をむいた、長さ一間（二メートル弱）のカシです。

若者は臼の目に二列にならび、神主のお払いをうけたあと、杵をとり、太鼓方の乱打する音に合わせて、ヤンサ、ヤンサと大声ではやし、右に廻りながら激しく餅をつきはじめます。

一番餅は神前にそなえ、二番餅はあとの直《なお》らいの吸いものに入れ、三番餅以下を見物人にふるまいます。

餅つきが終わると、クライマックスの臼倒しです。臼を倒されると縁起が悪いというので、臼を守るモト方と、臼を倒して来年の豊作をかちとろうとするウラ方が、水をまいた境内を泥んこになってもみあいます。決着がつかねば引き分け。どちらも来年は豊作ということになります。

若い熱気が湯気になって立ちのぼり、太鼓の音とかけ声が聞こえてくるような勇壮な祭りです。

ちなみに、檜原マツは仏式（神仏習合）による春の植えつけ祭りで、ヤンサ祭りは、神式による秋の収穫の祭り。前者が昼の祭りで、後者は夜の祭りという、生産の始まりと終わりを象徴する神事を、こうもあざやかに謡《うた》いあげた、津民の里の貴重な民俗神事の永遠につづかんことを、心から願うものです。

21 頼山陽と柿坂

▼耶馬溪町柿坂
▼バス：中津駅から耶馬溪行き柿坂下車

文政元（一八一八）年十二月五日の昼下がり、菅笠に半合羽、脚絆に草鞋《わらじ》ばき、振り分けの背中にぶらさげたひさごの中身は上酒《じょうざけ》という、気ままな一人旅が、日田から伏木《ふしき》峠を越えて、山国谷の守実《もりざね》へ下ってきました。

小男でやせっぽ。欲目にも威風堂々とは言えませんが、鼻が高く、頬骨がはり、眼光炯《けい》々として只者の相ではありません。

それもそのはず、この人物こそ、すでに天下の文豪で三十九歳の頼山陽《らいさんよう》その人です。九州遍歴の途次、竹田で田能村竹田《たのむらちくでん》と旧交をあたため、日田に入り、広瀬淡窓《たんそう》（三十七歳）に会ったあと、畏友《いゆう》・末広雲華《すえひろうんげ》を中津郊外の正行寺《しょうぎょうじ》にたずねる途中です。大著『日本外史』の稿も進んでおり、その名はすでに世に高かったのですが、草深い山国谷の里びとがこの在野の貧乏文豪を知るはずもありません。

守実で「一水北（西のまちがい）より来たる」と、『耶馬溪図巻記』に書いた山国川を初めて渡渉《わた》り、十三年前の文化二（一八〇五）年に完成した一ツ戸隧道をくぐって、その晩は宮園《みやぞの》に泊り、十二月六日、朝霧のはれるのを待って宿を発ち、「柿坂に至って孤店に憩《いこ》う」と、初めて柿坂を図巻記に紹介しています。

その店が、正確にどの辺りかははっきりしませんが、「山国川に面した、滝のかかる数丈の大岩壁を前にした店」と書いているところから、多分、現在の擲筆峰《てきひつぽう》に向きあった辺りかと思われます。

無類の酒好きで、しかも灘の生酒《きざけ》にこだわる山陽は、あらかじめ瓢《ひさご》に詰めてきた上酒の燗《かん》をさせ、たまたま里の猟師が獲ってきた野猪《やちょ》をさかなに、眼の前の風景――屛風をひらいたような、滝のかかる大岩峰にしなやかに松を配した、自分好みの景色を絶賛しながら、店主と猟師の三人で盃を交わしたあと、その日の暮れには正行寺へ着いています。

明和元（一七六四）年、豊後竹田の満徳寺に生まれた雲華は、中津郊外の古城の名刹正行寺十六世の嗣法《しほう》となりましたが、漢学を亀井南冥《なんめい》に学ぶ一方蘭画も好む、豊前を代表する文化人で、山陽より十五歳年上。二人が初めて会ったのは、このときより十年も前の文化五年で、上人は画僧の慈仙《じせん》らと広島の山陽を訪れています。その後山陽が、大坂で貧乏ぐらしをしていたころ、たまたま本願寺の大坂別院に来ていた雲華に援助をうけてからのち、山陽は雲華に兄事している間柄です。

さっそく酒を酌みかわしながら、山陽が初めて観てきた山国谷の奇岩美をほめあげますの

で、

「まだまだ、君は羅漢寺や仙岩山《せんがんざん》を観れば、さらに驚き悦ぶだろう」

と、雲華は本気で奨めます。

十二月九日、二人は青村出身の墨壮《ぼくそう》ほか数名の文化人と連れだち、宇佐郡麻生谷《あそうだに》の仙岩山（宇佐耶馬渓・旧宇佐郡）を見学しますが、ノコの歯のように連衡《れんこう》する岩峰群を観ても、いっこうに山陽は悦ぶ風《ふう》が見えません。

頼山陽先生詩碑（柿坂擲筆峰）

桜峠を越えて、その夜は屋形谷の旧家屋形家に泊り、翌日は羅漢峠を越えて羅漢寺に詣でますが、ここでも愉しそうな様子をみせません。その夜、石段下の宿で山陽が口にしたのは、次のような言葉でした。

「山は水を得なければ勝地とはいえない。石は樹を得なければ趣きがない。仙岩山は水がない。羅漢寺は人工が多すぎる」

と、明けて十二月十一日。

「自分も、このすぐれた自然美の極致山国谷に、また来ることはあるまい。今一度、あの場所を胸に刻んでおきたい」

と、道を西にとり、城井《きい》峠を越え、山国川の本渓《たに》へ出て柿坂へとのぼっていき、数日前猪料理に舌つづみをうった店へひょっこりと立ち寄ります。

顔を見おぼえていた亭主が、目を丸くして訊ねます。

「あんた、こないだ猪汁を突ついたお客さん。今日はまた、なにしにおいでたんで？」

「先日はご馳走になった。猪汁もよかったが、自分はここの景色が忘れられんので、もう一度胸に刻むために戻ってきた」

「へーえ……こん柿坂をそれほどまでに……」

主客はたちまち意気投合、山国川の岸辺に席をもうけ、雲華ともども酒瓢《しゆひよう》をかたむけながら飲むほどに陶然となった自然詩人が、眼前の風景を詠んだ句が有名な擲筆峰です。

——その自然の見事さは、自分の筆では、とても書きつくせない、と筆を投じた、と——。

その後、柿坂の擲筆峰は、耶馬渓名勝中の名勝として有名になりましたが、残念なことに現在は、袂ケ淵対岸の岩峰に景趣をそえていた老松も姿を消し、右岸は護岸工事のため、山陽の言う自然美の面影がうせました。

その夜山陽は、檜山路の浄真寺に一泊、翌日、再び山国川畔を下って青の曾木《そぎ》家に泊り、また正行寺へ。入渓以来十二日で耶馬渓を去りました。

山陽は帰国後、『耶馬渓図巻記』と銘うった山国谷の山水画を描き、その中に、「耶馬渓山天下無」の詩句をそえ、それまで人に知られることのなかった山国谷を「耶馬渓」と命名、その自然美を天下に紹介しました。

『恩讐の彼方に』で人事のきわみを書き、感動をもって耶馬渓の名を天下にひろめた菊池寛と、まさに二人は耶馬渓にとって恩人の双璧と言えます。

ところで、人工を加えたとして、羅漢寺を耶馬渓的美観の対象からはずした山陽が、競秀峰と青の洞門について一言もふれていないのは不思議ではありませんが、当時、守実から口の林までを「山国谷」と呼んでいたというので、耶馬渓を口の林までとして描いているとみる向きもありますが、山陽の最後の泊りが競秀峰下の曾木家であったことからも、道順として、青の洞門をぬけて正行寺へ向かったと見るのが自然ですし（一ッ戸隧道の通過には一筆加えている）、また、帰国後に描かれた『耶馬渓図巻記』の山骨隆々たる山水画を見ても、彼が歩いた口の林以西の山国川沿いには、そのように広くまとまった景観は見当たりません。

おそらく彼は、歩きながら見た競秀峰をも心眼にとどめ、山国川の本流全域を圧縮した空想的南画の世界として、耶馬渓を描いたのではと思うのですが。

山陽によって初めて紹介された鄙《ひな》びた柿坂も、いまは国道212号線の拡幅工事で、耶馬渓一のモダンな屋並をつらねた町に生まれかわりました。

22

善正寺《ぜんしょうじ》縁起

▼耶馬溪町柿坂
▼バス：柿坂下車

耶馬溪町支所と向かいあった東側山麓の小高みに、瑞信山《ずいしんざん》善正寺という古刹が屋根をならべています。

寺伝では、応仁の乱が終わって二十年ばかりたった明応五（一四九六）年のころまでは禅宗で空禅寺《くうぜん》といい、そのころ、鎌倉の侍で清原《きよはら》氏から出た甲斐《かい》新左衛門という人物が、柿坂に下ってきて、この地を領し空禅寺の檀家となり、その後出家してこの寺の住職となりました。

そのころ、真宗では傑僧蓮如《れんにょ》上人の時代で、比叡山衆徒による法難にあうと、近江から越前吉崎《よしざき》に道場を移し、北陸を中心に宗勢を再興、やがて山科石山《やましないしやま》に本願寺を建立、その名声と法義《ほうぎ》は全国にひろまりました。

御仏に仕える新左衛門は、他宗ながら一代の高僧蓮如上人の教えをうけようと上京、山科の南殿《なんでん》に伺候《しこう》してお説教を聴聞しました。

その御法話の中の、

善正寺

「自分の力だけで仏になろうと思うものは、仏になれない」

という言葉に衝撃をうけ、その場に倒れ、周りの者の介抱でようやく自分を取り戻すと、そこに初めて広大無辺の御仏の慈悲を感じ、泪とともにひたすら御仏の称名をくりかえし続けました。

この場の一部始終をみられた蓮如上人は、新左衛門のひたむきな行為にいたく感じ入り、道珍《どうちん》という法名をさずけ、あわせて南無阿弥陀仏の名号を書いて与えます。

道珍は帰坊すると、これまでの禅宗を真宗にあらため、御名号を寺の本尊とします。

この一世道珍が往生のあと、善忍《ぜんにん》、休念《きゅうねん》と代を重ねますが、種子島に鉄砲が伝わった天文十一（一五四二）年の三月二十八日、はからずもご本尊の名号が霊威をあらわす事件が起こります。

柿坂もまた、周りを山にかこまれた山峡《やまかい》の町です。

山国川にへだてられた、善正寺の南向かい、中津留《なかつる》の集落に、甚三郎という百姓が住んでいました。猟が好きで、性格はいたって短気、時折村うちでいさかいごとを起こす鼻つまみでした。

これにひきかえ、妻女のスエは気だてのやさしい女で、容姿も十人並み。中津留から半里（二キロ）ほど東の、山移川《やまうつりがわ》（山国川の支流）沿いの物部村から嫁入りしてきました。

結婚して十年、ろくに家業もかえりみない甚三郎の身勝手から、夫婦の間に隙間風が立つようになりました。

かしこいスエは、御仏にすがることで心のやすらぎを得ようとし、また、夫の殺生癖をなんとかやめさせることができたらと、善正寺へお詣りを始めました。

この家には、甚三郎の弟で、作男同様に飼い殺しになっている与四郎がいっしょに暮らしていました。嫂《あね》におもいを寄せている与四郎は、甚三郎が猟に出た隙をうかがい言いよろうとしますが、そのつど手きびしく拒絶されるのを根にもち、ある日、甚三郎に毒を吹きこみます。

「兄さんよ、あんた、嫂さんが毎晩のごつ出かけちいく理由《わけ》、知らんじゃろう？」

「わけとはなんじゃい。子供をさずかるようにと寺参りしとるに決まっとるわい、こんバカもん！」

頭ごなしに突き放された与四郎、

「け！　また馬鹿か……そんならやめとこ、ちゃんと見たんじゃけど……」

「見た……なにを見たんじゃ？」

「やっぱし聞きたかろうが。好いた男に逢いに行きよるんじゃら、知らぬがホトケ……」

「ほ、ほんなこつか、それは⁉」

思わず釣りこまれる愚兄に、

「ほんか、うそか、今夜も一本橋を渡るはずや、そん男に逢うためにな」

初めは相手にしなかった甚三郎ですが、もともと嫉妬《やきもち》やきで短気者。その言葉を聞いた途端、カッと頭へ血がのぼり、オコリのように体をふるわせていましたのが、急に押し入れから護身用のナマクラを摑み出し、はだしのまま外へ飛び出していきました。

そこは両側からせり出した岩で、山国川が急にせばまり、川底がえぐれて深い淵をつくっており、岩と岩のあいだに独木《まるき》橋をかけた、昼間でも足がふるえる一本橋です。

――うっかりこいとったわい。女の身空で、こげんおじい（恐ろしい）ところを独りで通るとは、たしかに只ごっちゃねえぞ……。

――そういやあ、俺にもお参りをすすめるとが、わざとらしいわい……。

岩陰に身をひそめながら、次々にわく妄想に、甚三郎は本心を失っていました。

そこへ、影が一つ、ぶつぶつとなえながら、独木橋をこちらへ渡ってくる様子。

まさしくスエの声です。

「チクショウ！　女狐《めぎつね》め！」

嫉妬に狂った甚三郎は、確かめもせず、橋を渡り終わったスエの前に跳び出すと、うめくような言葉といっしょに袈裟《けさ》がけに斬《き》り倒したまま、息をはずませてわが家へ。

井戸端で返り血を洗いおとしているところへ、小走りにスエが戻ってきます。

「あ！　おまえは⁉」

腰をぬかさんばかりに愕《おど》いた甚三郎が、おろおろ声で問いかけますと、

「実はいまさき」

とスエも声をはずませ、一本橋を渡り終えたところへ、だましに男が跳びかかってき、ふっとあたたかい風が肩先にかかり、目がくらんで倒れるとな、オスエ、オスエとわたしの名を呼ぶ声、ハッと気がつき、とんじ戻りました。不思議なこつもあるもんじゃと思いながら……ふと気がつき、

「あんた、なにしとるん、井戸端で？」

と訊ねます。

「うん、いや、なに……こいつぁただごっちゃねえ、とにかく、いっしょに来ちょくれ」

甚三郎とスエは、走るように一本橋へ。

三日月の淡い光をたよりに辺りを見廻しますと、路にも、野草にも、はっきりと血しぶきの跡。しかも手負いの人らしいものはどこにも見当たりません。

血のりをしたって橋をわたり坂をのぼりますと、そこは善正寺です。本堂に安置された蓮如上人真筆の名号、南無阿弥陀仏の、「南無」の二字までが袈裟がけに斬り裂かれて、そこから血がしたたり落ちています。

これを目にした甚三郎は、雷《らい》にうたれたようにその場に倒れ伏し、罪の意識に息もたえだえです。

これを目撃した住職の休念和尚は、感動にうちふるえる声で、名号のありがたい瑞縁《ずいえん》を語り聞かせます。

悪夢からさめたように、その場で悔いあらためた甚三郎は、髪を断って僧形となり、以後、念仏おこたりなく、夫婦ともども実りある生涯を送ったといいます。

越前吉崎に、似たような仏教説話が伝えられていますが、その耶馬渓版とでも申しましょうか。とにかく、ありがたいお話です。

23

柿坂のダム湖と渓石園《けいせきえん》

▼耶馬溪町柿坂
▼バス：森行き

耶馬渓に新名所ができました。

柿坂から約一キロ、山国川の支流山移《やまうつり》川の谷をせきとめて生まれた耶馬渓ダムと、このダム湖に、いっそうの観光的付加価値をつけるために造成された渓石園がそれです。

猪の肉をつつきながら、一杯機嫌でまわりの自然景観をほめあげた頼山陽が、この人造湖に架かる橋の上にたたずんだとしたら、どんな言葉を発するでしょうか？

案内記の著者果仙翁《かせんおう》も、この桑海《そうかい》の変図《へんず》には目を丸くされるにちがいありません。

しかも、この耶馬渓ダムは、もともと観光開発を主眼に造られたものではないのです。

その目的の第一は、暴れ川、山国川の治水対策のためで、昭和十九（一九四四）年の大洪水のにがい経験から計画が急浮上したと、『耶馬溪町史』が伝えています。

目的の第二は、渇水期と増水期の流れを調節するために、水ガメを造って備える。三番目に、北部九州へ水資源を供給する。とくに、周防灘沿岸の開発に必要な、都市・工業用水を確保するためにという巨大構想のもと、いわゆる多目的ダムとして計画が進められたのです。

当時は日本が敗戦から立ち上がったばかりで、昭和二十年代の後半から三十年代にかけて、周防灘沿岸では、今にも大工場群が出現するかのような開発構想が叫ばれており、その一環として浮かび上がった計画です。

最後に付録として、地域発達のため観光資源として活用しようということで、地元としてはダムの建設でどれだけメリットが生ずるか心配するむきもあったといいます。

ダム湖

ここで一応、ダムの建設経過を『耶馬溪町史』からひろいますと、建設省が予備調査に入ったのが昭和三十一年からで、四十五年に実施調査を開始、五十二年二月からいよいよ本格的工事にとりかかったものの、情勢の変化などで工事は大幅に遅れ、昭和六十年の春、ようやく完成にこぎつけます。

堤高六五メートル、堤長三一三メートル、貯水量二五〇〇万トン、総工費六五〇億円ということで、ダムとしては中規模で、おおかたのダムと同様、柿坂地区と山移地区の七十一戸が湖底に沈みました。

ところで、調査から完成まで三十年という長すぎる歳月は、

渓石園

昭和四十八年からの第一次オイル・ショックに、五十五年からの第二次石油ショックの追い討ちで、周防灘開発計画が立ち消えになるという事態から工事に影響が出たことは確実で、工事が完成したときには、この多目的ダムの受益対象がかなり変質することになりました。

北九州地域への供給については、平成十年前後までには導水路を完成させるよう工事が進められていますが、とにかく、必要なはずの水が現在はあり余ることになりました。

こんな経緯《いきさつ》の中で、地元耶馬溪町は、このダムを町の新しい観光資源として、メリットのおすそ分けではなく、最大限の活用に乗り出しました。

もともとこのダムは、国道212号線上の柿坂と、豊後森へぬける深耶馬観光ルートの交差線上に位置を占めています。耶馬溪町は、この抜群の地の利とあり余る水を生かし、ダム湖周辺の整備を進め、健康づくりの施設を造る一方、ダムサイドの下流に見事な公園まで造成しました。

渓石園は、耶馬渓ダム記念公園として、ダム完成からわずか二年後の六十二年五月にオープンしました。名のとおり、岩石と渓流を組みあわせた素晴らしい公園です。

しかも、ダムサイドの土砂捨て場を再生するという、一石二鳥の名案が実現したもので、「耶馬渓という自然公園の中に公園はいらない」といった意見を説得して、完成にこぎつけられたとか。町長さんに脱帽です。

ダム湖と渓石園は耶馬渓観光に新しいイメージを与えました。

藍色の水を満々とたたえた湖畔では、年間を通じ各種のイベントが実施され、百万をこえる観光客が季節に関係なくこの新名所を訪れています。

24

深《しん》耶《や》馬《ば》の春秋

▼耶馬溪町深耶馬溪
▼バス：豊後森行き一目八景下車

柿坂から車でダムサイドの快適なドライブ・ウェイを進めば、十分足らずでダムに着き、そのまま山移川《やまうつり》の渓合《たにあい》を行きます。ここは、江戸時代、森藩（久留島氏）の参勤交代道路です。やがて両側から山が迫り、車は渓谷の底をぬいながら、深耶馬渓をめざします。

春、五月であれば、滴るような新緑のトンネルをくぐり、秋ともなると、耶馬渓一番の紅葉《もみじ》の名所で、深耶馬の中心一目八景《ひとめはつけい》へ着きます。

ちなみに、「深耶馬支系」といわれるこの地域は、柿坂から玖珠町の鹿倉峠《しかくらとうげ》までの二〇キロをいいます。

ここは、頼山陽も足を踏み入れなかった秘境で、その壮大なスケールと「深耶馬式風景」と呼ばれる、競秀峰や擲筆峰より新しい、新耶馬渓溶岩が作りだした滑《なめ》らかな岩峰群と、樹林の中に包みこまれてしまった感じです。

展望台に上がり、周りを取り囲む岩峰群を見あげます。なるほど、ごつごつした擲筆峰の岩とはちがう滑らかな奇岩群が、それぞれ名づけられた表情で、季節のよそおいをこらした

一目八景（藤田晴一氏撮影）

樹木の間から伸びあがるように頭を出しています。

展望台を降り、渓谷内の散策に移ります。歳古《としふ》りたモミジの傘の下、苔むした巨岩、奇岩が打ち重なったもみじ谷。一枚岩を清冽な水が洗ううつくし谷、奇岩が天をつく錦雲《きんうん》峡《きょう》、その他「深耶馬二十四勝」といわれる名どころの拾い歩きも興はつきませんが、ここの名物、山かけそば、そば饅頭もすてがたい味です。

平成元（一九八九）年秋の初め、東京から一人の画家が耶馬渓に入ってきました。深耶馬の秋を画帳におさめるためです。

十日ほどたって、柿坂から中津へ向かうバスの車内で、Aさんは、偶然、その画家とことばをかわしました。

「十日ばかりうろつきましたが、目当ての一目八景は描かずじまいです」

軽い失望の声をもらす画家の微笑に、

「……なにかあったとですか?」

意外に感じたAさんが訊ねますと、

「樹が育ちすぎてて岩が見えにくいんです、一目八景は」

絵になりかねるというわけ。

「残念でしたねえ。冬ならどうでしょうか?」

慰め顔でいいながら、Aさんも、瞼の裏で、自分もチョッピリとそんな感じをもった一目八景を思い浮かべていました。

深耶馬渓にはもう一つ、大きな魅力があります。この谷の割れ目から温泉が湧いていることです。

景色をめでながら、そこに湧く温泉《いでゆ》で疲れを癒やすことができる。観光地としては最高の条件です。

平成元年十月二十二日の「大分合同新聞」に次のような見出しで記事が載りました。

「温泉つきガソリン・スタンド」

深耶馬渓でガソリン・スタンドを開いているBさんが、自宅横をボーリングしたところ、四十三度の温泉が出た。お客さんへの入浴サービスで喜んでもらっています——と。

うらやましい土地です。柿坂から入っていくと、一目八景に着くまでの間に、公共・個人・民宿を含め、十指に近い温泉が温かい湯けむりをあげています。総称して、「深耶馬温泉群」と呼ばれています。

耶馬渓町は、環境庁の許可をとり、平成三年二月、一目八景——夫婦岩辺りの立木を伐採、眺望の一新をはかりました。

25

伊《い》福《ふく》に眠る後藤又兵衛

▼耶馬溪町金吉
▼バス：柿坂から裏耶馬渓行き伊福下車

「おーい、ちょいと待った！」

長岩城のはるか下手、田圃《たんぼ》の畦《あぜ》に腰うち下ろし、一息入れていた後藤又兵衛が声をかけました。

目の前の畦みちを、抜身《ぬきみ》の大業物《おおわざもの》を肩に担いで退《さが》っていく、逞し気なひげ面の男。

「名を名乗れ。後藤又兵衛の鼻ん先を、素通りは許さんぞ！」

壮漢の足が、二、三歩行きすぎて止まりました。くるりと振り向くと同時に、ニッとひげ面をゆるめ、

「そこもとが城井谷《きいい》から逃げ戻った後藤又兵衛か。そういう俺は、野仲の家人《けにん》で、南弥助《みなみやすけ》ちゅう暴れもんじゃ。ようこそ呼びとめちくれたな」

足元をはかって、詰め寄りながら、

「後藤又兵衛なら、相手にとって不足はない。勝負はのぞむところじゃ。さあこい！」

担いだ大太刀を一振り、風を入れて八双《はっそう》にかまえ、足をふんばります。

「威勢がいいな。張りぼてにしては、ちと骨がありそうじゃ」

「なにをー、こしゃくな！」

「おーう！」

二人がはげしく戦っているところへ、弥助の組下の一人がとってかえし、主人に助太刀《すけだち》しようとします。

「手出しはならんぞ！　南弥助を卑怯もんにするな！」

怒鳴りながらも勢いするどく、大太刀を振りまわしますので、さすがの又兵衛も受太刀となって後退するうち、麦畑の畝《うね》に足をとられて、あおむけに倒れます。

しめたとばかり踏みこんだ弥助が、大業物を叩きつけますが、甲冑《かっちゅう》にさまたげられて、火花《ひばな》がはしっただけ。

そこへ今度は、又兵衛の配下五、六名が主人の一大事と、おめきながら突っこんできます。

「こら！　手出しをするな。まぐれじゃ、まぐれじゃ！」

ようやく立ち上がった又兵衛が、怒鳴りながら身構えます。

「邪魔が入ったのう、又兵衛どん。どうじゃろう？　勝負は後日の……」

「愉しみにするか、わっはっは……」

弥助の呼びかけに、又兵衛も愉しそうな高笑い。

「後を追うなよ。勇士のご帰還じゃ！」

遠ざかっていく弥助主従を、満足そうに見送る精悍な又兵衛の顔が……。


「先生は昼寝じゃ。夢をみてござるぞ」

「さかな、置いていこか、ここい」

童《わらべ》たちの話し声が、又兵衛の眠りを醒《さま》したようです。途端に、かれの姿は、朽葉《くちば》色の軽衫《かるさん》をまとった初老の男にかわってしまいました――。


深耶馬渓の西側の渓《たに》を「裏耶馬渓」といいます。金吉《かなよし》川の流れに沿って一五キロほど走ると、別天地伊福《いふく》の里に着きます。

深耶馬渓式の奥深い山峡《やまかい》に湯けむりがあがり、名物スッポン料理が味わえるしずかな山里ですが、ここはまた、大佛《おさらぎ》次郎の『乞食《こじき》大将』で知られる戦国末期の有名人、後藤又兵衛終焉《しゅうえん》の地といわれています。

播州の豪族別所氏に仕えた又兵衛の父は、主家の滅亡に際し、八歳になった又一郎（のちの又兵衛）の養育を、「目薬大名」と呼ばれている新興の豪族黒田官兵衛孝高《かんべえよしたか》にたのみます。官兵衛の長子長政と兄弟同様に育てられ、子飼いの武将（取立衆）として成長した又兵衛は、並はずれた大男で、膂力絶倫《りょりょくぜつりん》、戦うごとに手柄をたてますが、八つ年下の長政とは、主従でありながらお互いに遠慮がなさすぎ、万事にそりが合いません。

そのことが、勇将後藤又兵衛の悲劇の始まりとなります。

天正十五（一五八七）年、血気にはやる長政にひきいられた黒田軍は、豊前の城井《きい》城を攻めて大敗、八百六十四人もの戦死者を出します。激怒した如水に、長政以下武将が髪を切ってあやまった中で、独り又兵衛は笑って言いました。

「勝負は軍のつね、次のいくさには必ず勝つ。敗けたからといって髪を切り、気をゆるすは真の勇ではない。もし敗けるたびに髪を切れば、終身《しゅうしん》髪をのばす日はなかろう」

この又兵衛のことばで、如水は長政以下の罪をゆるします。

「出しゃばり又《また》め！」

将として面目を失った長政は、憎々しげに舌うちします。

武力にかえて政略結婚で油断させ、鎮房《しげふさ》を騙《だま》し討ちにし、宇都宮氏を滅ぼした黒田氏は、その惨劇のむくいで、正統は三代で絶えたといわれます。

黒田氏が豊前から筑前に国替えになると又兵衛も従い、嘉麻《かま》郡小熊（現在の大隈）城をあずかり、一万六千石の城主となりました。

時は関ケ原戦が終わって間もないころのこと、勇武が重んじられた時代です。

後藤又兵衛基次は、天下の名士です。諸大名との付き合いも多い。

長政はそれが気に入らない。

「他国との交わりをやめよ。その誓紙《せいし》を書類にして差し出せ」

と、高飛車に出ました。

この権力をカサに着た長政のやり方が、又兵衛には我慢がならない。

「長政なにする者ぞ。小僧のときから短気なだけで、中身はからっぽ。城井攻めのあの態《ざま》はなんだ。朝鮮でのだらしなさはどうだ」

二人の仲が険悪化をたどる最中に、あらたな問題がもちあがりました。

又兵衛の長子隠岐《おき》と次子又市《またいち》は共に長政に仕えていましたが、長子の隠岐が、理由は不明ですが罪を得て死罪となりました。弟の又市は十七歳、美少年でした。

ある日、大蔵太夫《おおくらだゆう》が猿楽《さるがく》を日吉《ひえ》神社に奉納したとき、長政が小鼓《こつづみ》の役を又市に命じました。

それが不満の又市は、小熊城に馬をとばせ父に訴えました。

長男を死罪に、次男には芸人の真似を強いる長政に心底より怒った又兵衛は、いよいよ、主家と訣別のときがきたと思案、使いを小倉の細川忠興に送り、仕官を打診します。

このころまでは、大名と家臣の関係は一種の雇用契約で成りたっており、食禄《しょくろく》や主人に不満があれば、他の大名に鞍がえすることも自由でした。

後藤又兵衛の墓

天下に聞こえた勇将後藤又兵衛の懇望《こんもう》です。大いに喜んだ忠興は、さっそく銃手《じゅうしゅ》三百、兵一千を華々しく、しかも万一に備える構えで差しむけます。

又兵衛は、火縄の口火を点じた鉄砲を家臣にかつがせ、白昼堂々小熊城を退散、小倉へ向かいます。慶長十一（一六〇六）年のことです。

わがつらをふみ潰した憎いやつ——と長政は、又兵衛の仕官をどこまでも邪魔してやるぞと息まき、忠興に向かい強硬にかけあいます。両家がまさに合戦に及ぼうとするところを、家康のとりなしでようやくやんだといいます。

細川家への就職をはばまれた又兵衛は、中国路へ入り、備前の池田家への仕官も長政の手がまわって潰されたことで、藤堂家からの召しかかえも断り、家臣には暇をやり、風雲急をつげる畿内を流浪します。

追いつめられた豊臣秀頼が兵をあげると、あえて非力の大坂方へ参加、冬の陣に勇戦します。

なじみの播磨一国を与えるという家康のさそいを断り、続く夏の陣では、元和《げんな》元（一六一五）年五月六日、真田幸村らと共に、大坂城の東南二〇キロの道明寺畷《どうみようじなわて》で、伊達政宗《だてまさむね》らの東軍と激戦、胸板を銃弾で撃ちぬかれて戦死します。享年四十五歳でした。

正史ではこうして大坂表で戦死したはずの後藤又兵衛が、裏耶馬渓伊福の里でよみがえります。ただし、戦国乱世を駆けぬけた勇将としてではなく、若かりし中津時代の、栄光の幻を追う世捨て人として。

伝承によりますと、かれが伊福の里に移り住んだのは、薩摩に落ちのびた秀頼の再挙に参加するためで、ねぐらを中津時代自分がねんごろにしていた女性の住む伊福に選んだとか。合戦に明け暮れた中津時代は、青年武将後藤又兵衛の青春時代でもありました。

伊福から、さらに三キロ奥（玖珠郡）に、かれが隠れ棲んだという、鎌田の大洞窟があります。つれづれのまま近在の童たちに読み書きを教えていましたが、秀頼の死を伝え聞き、落胆して自刃したといいます。

人家の近く、県道沿いに建っている又兵衛の墓と伝えられる碑《いしぶみ》には、「義刃智光居士」との銘があり、碑文に、「俗名又兵衛伊福に来り、謫居《てききよ》三年、承応三（一六五四）年正月二十九日、自刃」とあります。大坂夏の陣から四十年ばかりたっているのが、ちと気になりますが……。

26

雲《くも》八《はち》幡《まん》のかっぱ祭り

▼耶馬溪町宮園
▼バス：中津駅から耶馬渓行き宮園下車

八代地方（熊本）では、カッパは大昔中国から渡ってきて球磨川に棲みつき、全国へひろがっていったと信じられています。川で溺れようとする子供を助けたりで、愛敬のあるスタイルと相俟《あいま》ち土地の人気者だそうですが、全国的にみれば、東京荒川に残る「家伝河童の妙薬ばなし」のように、人畜にいたずらをするとか、子供の尻子玉《しりこだま》をぬくとか、そのイメージはかんばしくないようです。

河童将軍火野葦平《ひのあしへい》も、カッパ軍団のあまりにもはげしい闘争をもてあまし、若松の高塔山《たかとうやま》に封じこめました。

ところで、山国川は大分・福岡県境を流れる大河です。むかしから大河にカッパはつきもの、一つや二つ、カッパ咄《ばなし》がないはずはないと調べてみますと、あります、あります。カッパ咄やカッパ祭りが、本支流のあちこちにたくさん残っています。

屋形《やかた》川の中五郎淵《ちゅうごろうぶち》は、娘を川底へひきずりこんで味をしめたカッパが、飼馬をひきずりこもうとして反対につかまり、大目玉をくった話。下流の垂水《たるみ》エビガ淵は、歌にまでうたわれるカッパの名所。中津の円応寺にはカッパの墓まであるそうです。

ここ耶馬溪町の宮園では、宮園楽というカッパ封じの祭りが、毎年賑やかに催されています。

その前に、まずカッパの生態について――。

カッパはかわうその劫《ごう》をえたものといわれていますが、水陸両棲で、丈は約一メートル、年中裸。顔は虎に似て甲羅を背負い、髪はオカッパ、頭のテッペンにはお馴染の皿が。その皿に水がたまっていると糞力《ふんりょく》があり、馬でも川にひきずりこみますが、その水が涸れると、哀れ半病人（?）となるところが滑稽。そうそう、手と足には水かきがついています――。

と、河童博士清水崑《しみずこん》ほどではありませんが、カッパと親類付き合いをしているのでは、と思われるような詳しい観察談を披露するものもいます。

さて、雲八幡のカッパ祭りの由来記につきましては、壇の浦で亡びた平家残党の亡霊が、九州一の大河筑後川のカッパと化し各地へ流れてきたもので、作物を荒らしたり、牛馬や子供たちに災いをするところから、かれらの霊をなぐさめ封じるために、舞楽を氏神の雲八幡の神前に奉納して、川遊びをする子供や牛馬を守り、また、厄払い、五穀豊穣を併せて祈願するために祭りをおこなってきたもので、以下に、その祭り（宮園楽）の次第を、『耶馬溪町史』によって述べます。

期日は七月の末日で、夏祭りです。

この日、カッパに扮した五、六歳の男子四人を中心に、畳半帖もある絵模様入りの大ウチワを担いだ青年四人と、毛槍、横笛、鉦《かね》、太鼓、チャンボシを持った総勢四十人余りの行列が、道中囃子も賑やかに、参道から境内の広場へくりこんでくるところから、ハイライトのカッパ封じの楽打《がくうち》になります。

カッパ祭り

まず由来記を奏上、終わると、いよいよカッパ封じの踊りです。広場に円陣をつくり、子ガッパの下郷《しもごう》保育園児四人を相手に、大ウチワの若者四人が囃子のテンポに合わせて汗をかきかき、ユーモラスに一時間近くを踊りぬきます。

この神事は、江戸時代初めの貞享三（一六八六）年以来、約三百年にわたって伝えられてきた郷土芸能で、県指定の無形文化財です。

町内には、この宮園楽と同じ樋山路楽《ひやまじがく》に二瀬楽《ふたせがく》があり、お隣の山国町の白地でも、亀岡八幡社の例祭に同じ系統の「白地楽《しらじ》」（無形文化財）がおこなわれています。

27

一《ひとつ》戸《ど》城《じょう》の今《こん》昔《じゃく》

▼耶馬溪町下郷字一ツ戸
▼バス：宮園の次のバス停一ツ戸下車

雲八幡から一キロ余り212号線をさかのぼりますと、山国川沿いの国道をふさぐように聳え立つ妙見嶽《みょうけんだけ》（三七四メートル）のふところへ入ります。一ツ戸トンネルです。

耶馬溪町一ツ戸と山国町中摩《なかま》の境界線上にどっしりと腰をすえた岩山で、鎌倉時代以来、この要害の地には山城が築かれていました。一戸城といいます。

築城主は、長岩城主の野仲重房《のなかしげふさ》とも、中間《なかま》の地頭友杉民部《ともすぎみんぶ》ともいわれていますが、とにかく戦国時代の弘治二（一五五六）年、長岩城主野仲重《しげ》（鎮《しげ》）兼《かね》が、豊後の大友義鎮《よししげ》（宗麟）に長岩城を攻められたとき、日田口の抑えとして一戸城主の一戸与市にこの城を守らせたと古書に出ています。

翌弘治三年には、中間弾正《だんじょう》忠が、野仲鎮兼とともに、長岩城から谷一つ東の大内氏（中国）の出城・馬台《またい》城を急襲して、城代豊田対馬守を自害させています。

一戸城の研究家溝淵芳正氏は、一戸与市と中間弾正忠は同一人物らしいと書いておられますが、とにかく、このころから天正十三（一五八五）、十四年にかけては、下毛郡では群をぬく野仲鎮兼の配下に甘んじていたものと思われます。

天下統一を目指す秀吉の代理人、黒田孝高が豊前に入国してくると、情勢は大きく変わってきます。

一戸城址

山国谷北口の守り土田城主百富河内守《ひゃくとみかわちのかみ》が下り、西口の守り一戸城主中間統胤《むねたね》は、天正十五年には黒田の配下に入っていました。長岩城主野仲鎮兼は、天正十六年の決戦を待たずして、謀略の大家、「目薬大名」の黒田孝高に負けていたのです。一戸城は黒田氏の出城となりました。現在残る遺構は黒田以降のものです。

この城については、さきの溝渕芳正氏が、貴重な研究書『豊前 一戸城物語』を発表しておられます。

その中から、城構えの大略をひろってみます。

まず、妙見嶽上の本丸が、北側一ツ戸谷、南側に神谷川、東側が本谷をふさぐ山国川、西は峻険《しゅんけん》な山岳地帯と、きわめて要害の地であることが一目瞭然です。

そのうえ、この城は二つの支城をもっていました。

一つが、本城と神谷川をへだてて相対する鳶《とび》ケ城（三九一メートル）と、国道212号線の宮園橋右岸の下城《しも》です。

ところで、この城は本格的な合戦を経験しないまま江戸時代を迎えました。日田が天領となり、四日市支庁や中津へ向かう代官《だいかん》道路のこの難所に、十一代目の日田郡代羽倉《はぐら》権九郎が、文化二（一八〇五）年、トンネルを含む岩切道《いわきりみち》を完成させました。青の洞門の完成から五十年ばかり経ってからです。

総延長百八十間九合（三二九メートル）で、トンネルの部分には、明り取りが七カ所もあったといいますから、なかなかの大工事だったことがわかります。

面白いことは、ここも青の洞門と同様、一時通行税を取っています。

それにもう一つ。文政元（一八一八）年十二月、日田から入渓してきた頼山陽が、完成後十三年目のこの岩切道を通り、宮園に一泊しています。

かれはこのときの感想を『耶馬渓図巻記』に、次のように書き入れています。

——山渓相迫る処《ところ》山腹を鑿《うが》ちて道となし、また、牖《ゆう》（窓のこと）を穿《うが》ちて明《めい》を取る。余《よ》（自分）炬《きょ》（タイマツ）を買うて以て入る。牖に遇《お》うて窺えば、月淡水に在りて朗然《ろうぜん》たるを見る——。

28 維新の宿・守実《もりざね》

▼山国町守実
▼バス：中津発守実温泉駅（終点）下車

一ツ戸トンネル（七八メートル）をぬけると山国町中摩《なかま》で、さらに三キロばかりさかのぼると、山国町の中心で奥耶馬渓の玄関口・守実です。

町のシンボルは、山国川畔に建つ瀟洒《しようしや》な赤煉瓦造りの社会福祉センターです。

町並は、山国川右岸の旧街道沿いに、官公衙《かんこうが》、学校、商店、住宅などがびっしりと軒をならべ、人口密度の高いことは耶馬渓一番です。

九州天領の本庁日田と支庁の四日市とを結ぶ代官道路上の要衝であり、また中津港へ九里半、英彦山へは六里の道のりです。

幕末、倒幕運動のあらしの中で、正規の兵力をもたない天領の維持が困難となった幕府は、その管理を諸藩に依頼します。

久留米藩が、四日市支庁の管理をあずかったのは、慶応三（一八六七）年二月からです。

総奉行榊次太夫、郡《こうり》奉行加藤喜市郎、副奉行石野道衛《いしのみちえ》の三重役のもとに、物頭《ものがしら》佐藤市助、下坂五郎衛門以下若干名の要員に、慶応元年徴募の地元農兵隊数十名（徴募数はもっと多いがあてにならない）という、心もとない戦力です。

ところでその豊前地方は、長州の後押しをうけている草莽《そうもう》隊が、四日市陣屋を目標に決起の時をうかがっており、不穏な情勢下にありました。

警備に不安をいだいた久留米藩の派遣幹部は、本藩に繰りかえし警備隊の派遣方を要請してきましたが、当時久留米藩内は尊攘《そんじょう》派青年隊と佐幕《さばく》派の対立から、藩内問題ならまだしも、幕府から押しつけられた天領の警備など本気で心配する気も余裕もなかったし、まして小河真文《おごうまなふみ》ら尊攘隊は二豊草莽隊の討伐には反対だったのです。

四日市首脳陣の不安は適中しました。

慶応四年一月十四日、おそまきながら草莽隊が挙兵、宇佐八幡宮の奥の院御許《おもと》山に錦旗《きんき》を打ち立てたのです。しかも長州の下関で隊を結成、海上から四日市に敵前上陸するという意表をついた作戦に不意をうたれた警備陣は、対応どころか避難するのがやっとのこと、代官所は焼きはらわれ四日市周辺は大混乱となりました。

榊奉行以下久留米藩の出先陣は、不本意ながらひとまず本国へひきあげ、兵力を整えたうえで再来を期することに決します。

一月二十三日、一行約三十人は、桜峠から羅漢峠に城井峠を越えて、代官道を西へ十里

（四〇キロ）、重たい足をひきずり、その日の宵の口にようやく守実へ着きました。

宿は、代官道路に面した守実町の中心で、二階の明り障子にも意匠《いしょう》をこらした一級の旅籠《はたご》。「河野屋」の暖簾《のれん》を下げています。

その夜、総奉行榊次太夫は、この河野屋の二階で、周囲の隙を見て自決をはかります。

出発以来、意気消沈していた総奉行の様子に注意をはらってきた加藤喜市郎が、とっさに脇差を押さえました。次太夫は五十八歳、四十三歳の加藤の若さが、総奉行の生命をとりとめたのです。

「たのむ！　死なせてくれ！」

「おちついて下さい、榊さま！」

必死にあらがう次太夫から、脇差を取りあげた加藤奉行は、低い声で、

「旅の途中です。帰藩のうえ、きっと申し開きをしたうえで、立派に責任をとりましょう、私もいっしょに」

見詰めあう二人の眼には、泪がにじんでいました。

河野屋旅館

翌二十四日の昼近く、一行は寒さに凍りついた日田の町へ着きました。
皮肉なことに、その日田では、思いがけない事態が待ちうけていました。首を長くして待ちのぞんだ本藩から派遣された青備隊《せいびたい》二百余名が、日田に到着していたのです。

久留米藩の名にかけてこれから雪辱戦をと、負傷の榊次太夫を残した混成部隊が二十五日、再び守実を経て四日市へ向かいます。

が、時すでにおそく、榊隊と入れちがいに四日市入りをした長州軍により、御許山《おもと》の勤王隊は無残にも踏み潰されていました。

久留米藩では、榊、加藤、石野の三人を帰藩させたうえ、半歳《はんとし》のあいだ一度の査問《さもん》もおこなわず、参政水野正名《みずのまさな》の一方的な指令で三名を寺町の徳雲寺で切腹させます。

因果応報、その数年後、水野正名と小河真文の両名は、久留米藩尊攘党の後押しをし、藩政を混乱させたとして新政府の手で処刑されました。

ふだんは静かな山峡の守実も、維新の夜明け前後は、通過する戦闘部隊や囚人籠《しゅうじんかご》（志士）への応対などと、なにかと物騒がしい明け暮れでした。

明治もずっと下った三十二年、夏目漱石は、同僚の奥太一郎《おくたいちろう》と耶馬渓から日田に向かって旅をしました。このとき泊まった河野屋で詠んだ句碑が、隣の大歳祖《おおとしそ》神社境内入り口に建っています。

せぐくまる蒲団《ふとん》の中や夜もすがら

よほど奥耶馬の夜寒《よざ》むがこたえた様子です。

29

神尾家と守実

▼山国町守実
▼バス：中津駅発終点守実温泉駅下車

山国町の中心部、「コアやまくに」のすぐ裏手に、この地方では珍しい茅葺《かやぶ》き、曲屋《まがりや》形式の神尾家がどっしりと腰をすえています。

それもそのはず、大分県下では日田市の行徳家、野津原町の後藤家とならび、江戸時代後期の民家を代表する建物として国の重要文化財の指定をうけ、さらに、建築年代がはっきりしている民家としては、九州では最も古いといわれる神尾家です。

明和八（一七七一）年というと、賄賂政治の横綱・田沼意次《おきつぐ》が老中首座におさまる前年ですが、この年の七月に神尾家では主家《おもや》の棟上げをやっています。

それが分かったのが、昭和五十三年一月から始まった、老朽化した建物の解体作業中、広間の柱の上部に「明和八年卯七月」という墨書が発見されたからです。

復元工事は昭和五十五年、総工費五千八百十二万円で完成しました。

建物につきましては、『山国町史』に河野《かわの》一《はじめ》氏が詳しく述べておられますので、その要点を記します。

◀神尾家

▼神尾家間取り図

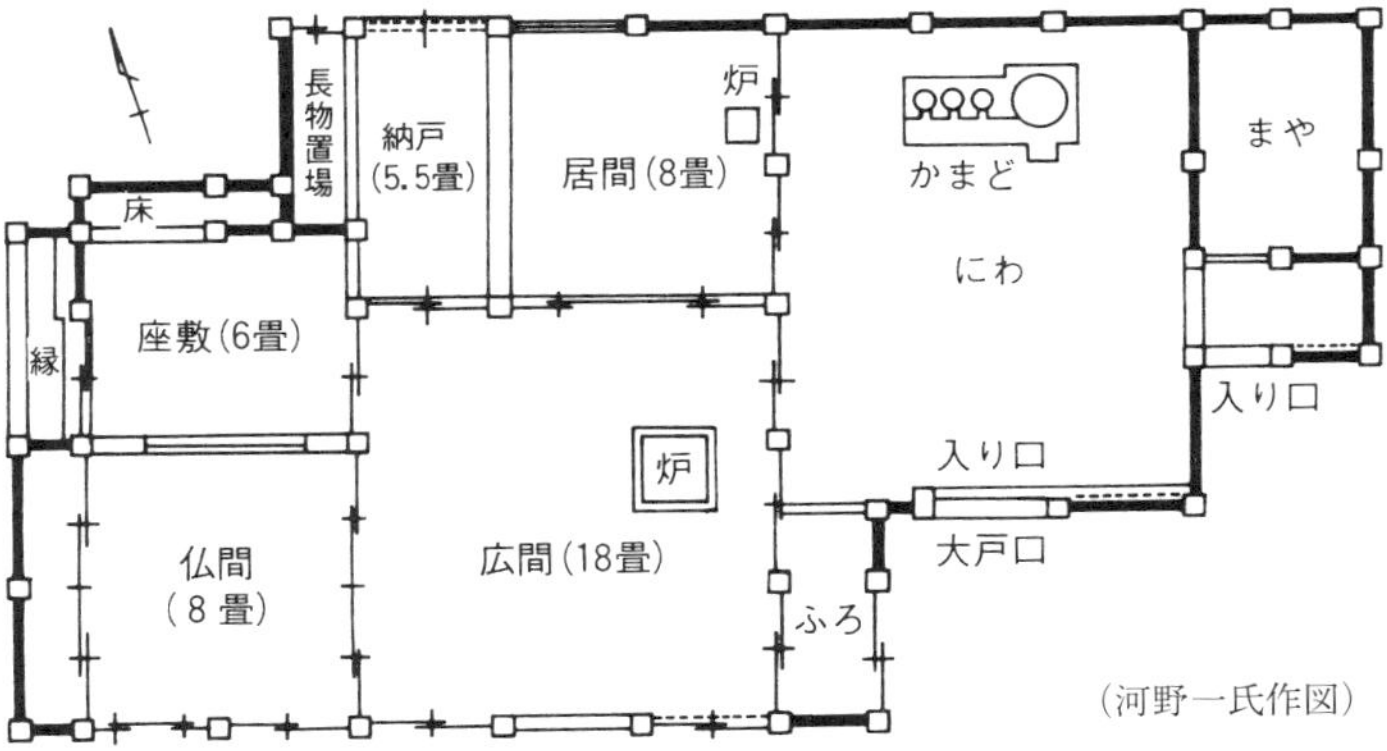

（河野一氏作図）

家はほぼ南面して建てられ、東側に広い土間とウマヤがあり、土間につづく床上部《ゆかうえ》は座敷（六畳、床間付き）、仏間（八畳、仏壇付き）、広間（十八畳、いろり付き）、居間（八畳、いろり付き）、納戸（五・五畳）、居風呂《いふろ》場（竹床張り）の六室で、床部の天井は、竹を並べた上に土を敷いた大和《やまと》天井になっています。

総茅葺きで、太い梁材を使い、竹を多用、建具の種類にも気をくばり、間取りもゆったりしたものです。

大戸口《おおとぐち》をひと足土間に踏みこんだ感想は、太い柱、縦横に組まれた太い天井の梁材、部屋を仕切る戸障子など、しっかりと根を下ろしたむだのない、江戸時代の富農の暮らしぶりがずっしりと伝わってきます。

採光関係の不便さだけはストレートに伝わってきますし、すすけた柱や天井を見上げては、時代のへだたりを感じずにいられません。

神尾家は、江戸時代旧守実村の組頭を務めた家です。庄屋に次ぐ村役人にあたる神尾家が、これだけの家構えをすることができたのは、当家の財力や村役としての手腕もさることながら、貧しかったといわれる江戸時代の農山村の中でも年貢率七公三民というべらぼうな中津藩領に比べて、五公五民（実際は六公四民に近い）の、天領農民としてのゆとりがあったからでしょう。

天明三（一七八三）年五月、備中《びっちゅう》の薬種商の筑紫見物という触《ふれ》こみで、耶馬渓に来た古河《ふるかわ》古松軒《こしょうけん》が、九州一周のあと、『西遊雑記』という旅行記を書いていますが、彼の目、物の観かたは尊大で冷酷、対象への少しの愛情も感じられず、いわゆる風物を愛する旅行者のそれではありません。その正体は、九州旅行の四年後の寛政元（一七八九）年に、幕府の奥州巡見使の随員として加わっていることで、彼が「隠密」だったことが判明したわけです。

前置きが長くなりましたが、古松軒はその『西遊雑記』の中で、豊後国を下国《げこく》だと評し、豊後には白壁の土蔵のある豪家は一軒もなく、住民は山中で履物もはかず、足も洗わずに座にあがる。食物は粟飯《あわめし》が常食で、米は五節句に食うだけである……と。また、豊前については、同じ山国谷でも、中津藩領の津民谷の民家を「乞食小屋のごとく」と書いていますが、小国に分割支配をうけた豊後と、この豊前で、しかも天領であった山国地区との生活力の違いを読みとることができます。

守実村には明治十年、西南の役で蜂起した農民一揆で焼きうちにあった熊谷家という、代々庄屋を務めた豪壮な家があったといいますし、また、隣村の藤野木の園田家文書によりますと、村内の小さな寄合《よりあい》にはかならず酒食が出ており、その食事には白米飯が用いられたとあります。もちろん、米が主食ではなかったものの、五節句だけに食べていたわけではないことがわかります。

天領と藩領の違いも、幕府の巧妙な農民統制の一環であり、天領の農民が肩で風を切ったわけですが、この生活の余裕が気のゆるみを生じ、隣の藤野木村では前代未聞の大騒動の幕があがります。

＊　中津市山国町には平成八年（一九九六年）、シアター、タウンホール、図書館、ギャラリー、山国町支所（旧町役場）、スケートリンクなどが一体化した複合施設「コアやまくに」がオープンしています。施設のシンボルは高さ五〇メートルの塔で、施設全体は「世界建築百選」の一つに選ばれています。

30 藤野木村騒動

▼山国町藤野木
▼バス：中津駅発日田行き朝日橋下車

天領という恵まれた土地柄を背景に、江戸時代も後期の天保年間、守実《もりざね》村の東隣の小村藤野木村に、とんだ小原庄助さんの登場で大騒動がもちあがりました。

元来、江戸時代の村方騒動の主役は一揆と呼ばれる騒動で、その一揆には官位をかさに着た代官などに立ち向かう義民型一揆と、村役、総代の庄屋を巻きこんだ多志田《たしだ》一揆のような、村民全体による世直し型一揆がありますが、藤野木村の場合は、いわゆる一揆という暴力沙汰によらず、村民の総意で不適格の庄屋を糾弾、村の再建に努めた珍しい事例です。

藤野木村は、山沿いの段々田畑十九町三反（一九・三ヘクタール）、村高は約二百石、本百姓五十六戸（水呑は含まず）の小村で、騒動の主人公の名を四郎兵衛と呼びます。隣の守実村庄屋鴻之助の弟で、藤野木村の庄屋職、長尾家に養子に入ったものの、苦労知らずに生まれ育った無軌道旦那で、庄屋の特権を乱用、天井知らずの借金で村を苦難のドン底におとし入れます。

四郎兵衛旦那は、天保、弘化、嘉永、安政と、物騒がしい幕末の二十余年の間、庄屋の座にすわりつづけますが、ペリーが浦賀にやってくる二年前の嘉永四（一八五一）年四月、藤野木村の本百姓五十六人全員の連判になる嘆願書が、日田代官所に差し出されます。

その要旨は――。

まず、庄屋役を務める立場にありながら、甚だ身持ちが悪く、大酒を呑み、見境のない女性関係に家庭内もおさまらず、ついに女房は八十をこした老婆を見捨てて家出、親類に身を寄せて戻りません、と本来ならプライバシーに関わる不身持ちの条々を、あからさまに申し立て、ついで、こういう人物ですから内々の借金がかさみ、今から十年前、親類や隣村の村役まで集まって相談のうえ借金を相済ませましたところ、またまた五年以前からの借金がかさみ庄屋職失格ですが、小村のこと、庄屋職が他村の庄屋により兼務になったりしては村一統も困るので、なんとか借金を取りかたづけるよう村方《むらかた》で取りはからう一方、役宅断絶にならぬよう一同心痛いたしておりますが、当の四郎兵衛は一向苦にする様子もなく、またまた多数の借金を重ねる始末で、もはや家の相続もむずかしいことになりました。このうえは庄屋役をやめさせていただきたく、跡目《あとめ》は養子をもって家を相続させ、跡役《あとやく》をお願い申し上げたく、右の願いお聞き届け下されば、村一統有難き仕合わせに存じ上げたてまつります。

借金の高については、この騒動記を書かれた河野一氏は、次のように述べておられます。

「嘉永四年から六年にかけて、村方が何度目かの借金整理にかかったときの覚え書きによれば、〆《しめ》て百二十四両という巨額になります。現在の金で三千万円もの借金を何度も重ねていることから、総計は『億』の単位になります。しかもこの借金は、庄屋として、組頭、百姓代村役の連印（印形《いんぎょう》は庄屋が預かっていた）、つまり藤野木村の借金となっています」

本百姓五十六人という一握りの寒村でのこと、村民の死活問題となったのは当然ですが、それだけの大金をいったい何に使ったのでしょうか——。

もともと苦労知らずのお人好し。大勢の取り巻きに持ちあげられ、いい気になって浪費したでしょうし、また、天領の庄屋として公用で日田の役所にもたびたび出張しているようですから、この間、四郎兵衛としては、役人との間に必要以上の贈賄《ぞうわい》関係や、豆田《まめだ》の繁華街で多くの浪費を重ねたことは火を見るより明らかです。このほかに貧農たちに金を貸していたことが、今も残る証文で知られます。

この願いの結果、四郎兵衛は解任され、村民は借金の返済にとりかかります。

小村のこと、村役だけで解決できる問題ではなく、河野氏によると、まず、村民の中から村役以外の人材を登用し、さらに、他村の庄屋や有志を拝みたおして、この問題の処理に加わってもらいますが、ここに意外なことが持ちあがります。

庄屋の跡目問題が進展しないのです。結局、引きうけ手がないまま、嘉永七年村方から「庄屋再役《さいやく》願い」が代官所に出され、代官所もこれを認めます。

四郎兵衛は、名を嘉左衛門《かざえもん》とあらため、心機一転、村方に念書を入れての再出発となりました。

天領ならではの騒動とも言えますが、江戸時代の農村では、「庄屋職」という特権が、大手を振ってのし歩いた明け暮れだったことを理解できる事件です。

とにかく、村民が辛抱づよく話を積みかさねて、事件を解決へ運んだのは幸いでした。

31

終着駅守実

▼山国町守実
▼バス：中津駅発終点守実温泉駅下車

果仙翁が案内記を出した明治三十九（一九〇六）年には、まだ耶馬渓には、レールの上を走る乗り物は歴史の表舞台に登場していませんでした。

不便な山国谷に、陸蒸気《おかじょうき》を走らせようとの声があがったのは明治二十年代からで、中津－守実－日田－久留米を結ぶ鉄道敷設計画が許可されたものの、日清戦後の不況でつぶれ、それならばと明治三十二年、鉄道馬車が計画されましたが、請願書が県の参事会で否決となりました。

「汽車が走ると馬があばれち、百姓仕事どころじゃねぇ」

「機関車の吐き出す煙で、大根や白菜がまっくろけや」

と、沖代《おきだい》平野部辺りからこんな反対の声もあがるしで、中津－樋田間一四・三キロを最初の耶馬渓鉄道が走ったのが、大正二（一九一三）年十二月二十六日で、ついで樋田－柿坂間一〇・五キロが大正三年十二月十一日と、素早い開業にこぎつけますが、柿坂と終着駅守実間は、路線決定に十年も迷ったすえ、中津－守実間の全長三六・一キロ、十九駅舎で営業が始まったのが大正十三年六月からです。

ドイツ製の機関車が長い首をふりふり走るマッチ箱のような耶鉄の人気が高まる一方で、大正七年には耶馬渓が新日本三景の一つに選ばれ、十二年には渓中の多くの景観が名勝の指定をうけたことも手伝い、観光客は日に月に増えていきました。

大正時代の機関車（『消えた耶馬の鉄道』より）

貨物の輸送も尻上がりに増加、これまでは効率の悪い山国川のイカダ流しに頼っていた山国谷の木材が貨車で運ばれるようになり、中津駅の南側に、製材所や木材市場が次々に建ちならんだのもこのころからです。

開業後の十年間は、まず黒字経営のすべり出しとなりました。

ところが、この細長い渓谷を、観光ローカル線としてのどかに発車した耶鉄に、

「国策上、国鉄と同じ広軌にあらためるよう……」

と、政府から強い指導をうけます。

昭和二（一九二七）年六月、小野寿《ひさし》社長が広軌採用に踏みきり、日本興業銀行から九十万円を借り入れ、昭和三年から四

年にかけて完成させました。

結果は、この路線拡張工事のあおりと、昭和初期の不況に直面して経営危機におちいり、最初の人員整理をおこないます。

昭和十年、ガソリンカーを購入して輸送の効率化をはかり、折から始まった日中戦争につづく太平洋戦争中の物資輸送や、草本《くさもと》金山の本格的操業開始による金鉱石の輸送、戦後の乗客数の増加で、昭和三十年ごろ耶鉄は黄金時代を迎えます。

国鉄の「新緑やばけい号」や「紅葉やばけい号」が乗り入れられたのもこのころです。

また耶鉄では、観光誘致のため温泉の掘削に力を入れ、守実町内の大勢橋畔《おおせばしはん》に温泉を掘りあて、耶馬渓温泉として経営、ほかに守実温泉「憩い荘」も湯治客で賑わうようになりました。

「禍福はあざなえる縄のごとし」とか。

経営陣・職員一体となっての努力にもかかわらず、昭和三十一年に入ると耶鉄は再び経営が悪化しはじめました。

原因は、戦後経済と国民生活の激変により、全国のローカル線がたどった運命的な悲劇でした。

農村の過疎化、マイカー・トラックの普及にあわせて道路の近代化が進む一方、山国川の水害に弱い耶鉄の維持費の増大などで、昭和四十六年九月、まず、守実－野路《のじ》間二五・七キロが敷設から四十七年間で廃止となり、足をとられた沿線住民は大きなショックをうけました。

その後も廃止反対の運動は実を結ばず、五十年の九月三十日、中津－野路間一〇・四キロを最後のディーゼルカーが走ったあと全線が消え、六十二年間住民の足となり耶馬渓の旅情にメルヘンをそえたローカル線が消え去り、終着駅の守実温泉駅も山国町商工会館とバス・ターミナルに装いを一新して今日を迎えました。

思い出は限りなく

坂の多い耶鉄で思い出に残るのが、八幡《はちまん》駅を出て間もなく、「古城《こじょう》」という名の下毛台地から沖代平野に向かって駆け下るときの爽快な感じでした。急勾配をスピードに乗り、軽快なリズムをかなでながら疾駆《しっく》するガソリンカー。杜《もり》や家並がたちまち後方へ流れ去る光景が、ふと次の光景とダブります。

東京世田谷に住んでいたころ、時折玉川電車で二子《ふたこ》玉川へ出かけましたが、瀬田の電停を発して間もなく、電車は標高差二〇〇メートル足らずの武蔵野台地の端を、玉川べりへ向かって一気に駆け下ります。はるか目の下に見えていた玉川と、川向こうの多摩丘陵がぐんぐんせり上がってくる胸のすくような光景とを、今もなつかしく二つ重ね合わせて思い出すのです。その玉川線も、現在は地下鉄にかわりました。

大貞公園の桜、野路駅の車内で売っていた、二十個の一口餅を竹の皮に包んだ耶馬渓餅の味も忘れられません。

サイクリング・ロード

耶鉄の旧路線を生かし、徒歩で耶馬渓をおとずれる観光客の足がわりにと、昭和四十七年、つまり、野路－守実間の耶鉄が廃止された翌年から改装工事に入り、昭和五十年に完成、その利用が始まりました。

コースは、中津沖代町－山国町守実温泉までの総延長三四・九キロ、路線の規模は九州一で、全国でも十一番目を誇っています。

耶馬渓サイクリング・ターミナル

ここは中津市営で、宿泊施設が完備された中核基地です。

問い合せ電話

柿坂／耶馬渓サイクリング・ターミナル　〇九七九（五四）二六五五

32

草本の猿飛・千《せん》壺《つぼ》峡《きょう》

▼山国町草本
▼バス：守実温泉駅発溝部郵便局前下車

奥耶馬渓の道路も、快適なドライブ・ウェイとなりました。

守実から山国川に沿う県道山国–行橋線を、およそ六キロさかのぼった草本地区に、耶馬渓三飛勝《さんひしょう》（兎飛び、犬飛び〔走り〕）の一つで、国の天然記念物「猿飛び――お猿が山国川を飛びわたる」といわれる奇勝があります。

この辺り、川幅はせばまり、露出した淡緑色の岩を、山国川が無心に刻んでいます。川岸に立ちますと、まず、あまり見かけないその岩の色を映した水の美しさに目を洗われ、ついで、その滑らかな岩の側面やコバルト・ブルーに近い澄んだ川底一帯にまで、大小無数の甌穴《おうけつ》が刻まれている不思議さに驚かされます。

そこには、甌穴の特徴である穴（つぼ）の底に抱かれた硬い礫《れき》（小石）が、水流に押されてぐるぐる廻りながら、現在も甌穴づくりに励んでいるのや、老化し営みをやめた縁《ふち》の欠けた甌穴の残存部が、人の手に成ったかと思われるほどあざやかな曲線を水中から覗かせているものなど多種多様にわたり、岩と水流によって創り出された天然の奇観を見ることができるのです。

では、どうしてこのような奇景が生まれたのでしょうか？　河の流水運動によって生ずる浸蝕作用の大きさについては言うまでもありませんが、岩と水流が交われば必ずこういう景観ができるというものでもありません。

この、千壺峡の甌穴群の誕生には、それなりの特殊な素因があるのです。

まず、最初に眼をみはらせたこの岩石ですが、奥耶馬の溝部、槻木《つきのき》地区は、数千万年以前に噴出した火成岩の一種で、学名を変朽安山岩《へんきゆうあんざんがん》と呼ぶ、淡緑色の比較的やわらかい溶岩が岩盤を作っており、その岩盤の上を、山国川がより堅い礫を運びながら流れ下る間に、やわらかい安山岩に窪みが生じ、水流と礫の相互作用で甌穴に生長していったのです。

千壺峡から二、三丁下流の「魔林峡《まばやしきよう》」は、隣りあった甌穴の縁が欠けて底の部分だけが連結したまま残り、深い峡谷を作っています。川に架けられた「念仏橋」からのぞきますと、鬱蒼とした老樹の天蓋《てんがい》の下で、奇怪な岩と、岩の色を溶かしたコバルト色の水がからみ合い、名のとおり一種凄然《せいぜん》とした感じにおそわれます。念仏橋とは、このような場所に架けられた橋だからか、左岸の丘に建つ古刹教順寺が招きよせるからでしょうか。

なお、千壺峡の一キロ上流に、同じ変朽安山岩の中で結晶した金鉱石を採掘した、草本金山跡がみなさんを待っています。

猿飛・千壺峡

魔林峡

33

草本金山夢の跡

▼山国町草本

▼バス：守実温泉駅発大曲下車

千壺峡からほぼ一キロ、思いのほかゆったりと展《ひら》けた渓谷《たにあい》に延びる県道を、山国川に沿って北上していくと、左手の山腹に嵌《はめ》こまれたようなコンクリートの巨大な建造物が見えてきます。

草本の集落から山国川を渡ったところで、思いがけず、今は老木と化した桜並木が山裾をめぐっている幅広い歩道に出合います。往時の賑わいをしのびながら、右側の台に、蒼然《そうぜん》と建ちさびれた金山事務所下を過ぎると、間もなく、雑草におおわれた山麓の広場に着きます。川向こうの県道から望まれたコンクリート群——実は鉱石積みかえ用の施設——が、山の斜面の雑草の中に静まりかえっています。

巨大なコンクリートの廃墟、トラックが走り廻ったと思われる雑草広場。いまは人影もないこの辺りが、草本金山精錬所の心臓部だったところです。

広場から山ふところへ延びた坂道を雑草を踏みしめながら登っていくと、やがてコンクリート造りの坑道入口に着きます。

「山国旭鉱山《やまぐにあさひ》」と坑道正面に刻みこまれた、比較的新しい金文字が目を射ます。

草本金山は今から八百年ほど昔、平安時代の終わりごろのこと、夜道を通りかかった彦山の山伏が暗闇の中に異様な光を発する山を目撃したのが、金山発見の初めだといわれています。

草本金山跡

佐渡の金山発見についても、『慶長見聞集《けいちょうけんもんしゅう》』に似たような話を伝えており、岩見《いわみ》銀山の場合も、『石見銀山旧記』などに、六百年ほど昔、大内弘幸《ひろゆき》が神託により石州銀峯山《ぎんぶせん》に登り、全山雪を踏むかとまがう白銀を得たとあります。

草本金山で本格的な採鉱が始まったのは、江戸時代の初期、寛永十八（一六四一）年、初代中津藩主小笠原長次《ながつぐ》によってです。

貞享三（一六八六）年、三代目長胤《ながたね》が荒瀬井堰開削工事に草本金山の鉱夫を狩り出して完成させたことは、荒瀬井堰の項で述べました。

江戸時代の草本金山は、その長い間に、採鉱と中止をくりかえしながら明治を迎えますが、その間の盛衰を物語る多くの地名や屋敷跡が今も残り、無数の墓石に刻まれた人名には遊女のものまで残っています。

石見銀山跡で目にした、山の中腹に古寺ひとつポツンと残っていた風景も、同じように鉱山の宿命を物語るものです。

大資本が入り、近代技術を駆使して本格的な採鉱、精錬事業が始まったのは昭和になってからで、昭和九（一九三四）年石原産業が鉱区を買収、鉱業所を草本に置き、「石原産業旭金山鉱業所」と命名、活動を開始してからです。

純金・銀精錬の最終工程を佐賀関精錬所でおこなうため、鉱石を耶馬渓鉄道で運んだのもこのころからです。

やがて戦時下となり、産業界は政府による巨額の奨励金の交付をうけ、電力も九州電力から直接供給をうけることになり、採鉱施設から、更生施設には映画館も登場、草深い山村の一角が異常な繁栄に沸きました。

当時、職員八十名、鉱員四百名を数えたといいます。

異変が起こりました。昭和十六年十二月八日、と書けばあとはおわかりでしょう。戦争が始まると、意外にも、不要・不急産業のレッテルを貼られ、設備の撤去・配置転換と、あれよあれよという間に閉山のやむなきに至りました。

戦後の昭和二十五年、朝鮮戦争が始まると、藤田工業が再起を試みますが、経営不振で閉山、今日に至っています。

最近、耳よりの話をテレビや新聞が伝えています。日本を含む環太平洋火山地帯は有望な金銀鉱の埋蔵地帯であり、新しい鉱山探知法の開発により、現に東北、九州その他で新鉱脈の発見がつづいている、と。

変朽安山岩の眠る草本よ、夢よもう一度と、耶馬渓の発展を願うや切なるものがあります。

34 毛谷村六助仇討ち話

▼山国町槻木字毛谷村

天明六（一七八六）年の十月、大坂竹本座《たけもとざ》で初めて上演されて評判をとった浄瑠璃《じょうるり》「彦山《ひこさん》権現　誓　助剣《ごんげんちかいのすけだち》」は、梅野下風《うめのげふう》、近松保蔵《ちかまつやすぞう》の合作で、全編十一段からなっています。

時代が移り、浄瑠璃とか歌舞伎が田舎で上演される機会が少なくなったこのごろです。

まず、その筋書きから入りましょう。

主人公の六助は、彦山の東麓毛谷《けや》村（異説もあり）で、子供のころ父を喪い、母と二人で樵《きこり》を生業《なりわい》に成長します。

二メートル近い巨漢で、怪力の持ち主。小山のような薪を背に、山坂を飛ぶように走り彦山町へ運びました。

いかつい顔に似合わず心はやさしく、神仏をうやまい、自分を育ててくれた母への孝養をおこたりません。

武勇伝のもてはやされた時代です。

彦山の豊前坊窟《ぶぜんぼうくつ》で、天狗によって剣技に励んだといいます。豊前坊は、立川文庫の主役の一人、岩見重太郎も天狗から秘剣をさずかったといわれているところです。たまたま、彦山に参詣した芸州藩の剣術師範で八重垣流の達人吉岡一味斎《いちみさい》に知られ、剣の極意をさずかります。

ところが師の一味斎は、武術試合の遺恨から相手の京極内匠《きょうごくたくみ》（微塵弾正《みじんだんじょう》）という剣客の闇討ちにあい、種子島銃で討ちとられたうえ、病弱だった妻のお幸もそのショックで死にます。お幸は臨終の際、六助殿をたのみ、きっとこの仇《かたき》を討ってくれと姉妹の娘、お園とお菊に言いのこします。

当時、武を好む小倉城主立花統虎《むねとら》は、毛谷村六助の声望を聞き、召し抱えようとしますが、六助は老母がいるからと辞退します。

統虎は、六助以上に強い侍を召し抱えようとして、仕官希望者に六助と立ち合わせますが、六助に勝った者は一人もいません。

そのころ、小倉で浪々《ろうろう》していた微塵弾正は、六助がたいそうな孝行者だと聞き一計を案じ、町角でひろった老婆を背負って六助をたずね、

「自分は浪々の身で一人の老母を養いかねている。この度小倉で仕官《しかん》したいが、貴殿に勝つ見こみはない。どうか自分の孝心に免じて、勝ちをゆずっていただきたい。伏してお願い申す」

と、手を合わせての哀願に、疑うことを知らぬ六助は勝ちをゆずり、仕官ののぞみをかなえさせてやります。

そこへ、女虚無僧《こむそう》のお園がたずねてきます。

「わたくしは、微塵弾正に闇討ちされました、吉岡一味斎の姉娘お園でございます。妹のお菊と二人、仇をたずねてこの豊前にやってまいりましたが、山国谷の芦木越《あしぎ》えでお菊は返り討ちとなり、彦山権現に参拝、ご祈願申しあげましたところ、貴方さまにお頼みせよとのお告げ。実は母からも、いまわの際《きわ》に申されていたのでございます。なにとぞ、父と妹の仇討ちご助勢をお願い申しあげます」

と、泪ながらに懇願します。

両の拳《こぶし》をぶるぶるっとふるわせながら話を聞き終わった六助は、即座に心に決めます。

——自分までもあざむいた憎い奴、きっと先生のご無念を晴らし、この孝女の望みを遂げさせてやるぞ！

お園を吾が家に泊め、朝夕剣技の錬磨につとめた結果、小倉城外の企救郡射鹿野《きくぐんいかの》で助太刀して、見事仇討ちを遂げさせます。

この話を聞いた立花統虎はその孝義《こうぎ》を賞し、六助に自分の一字を与え、貴田孫兵衛統治《きだまごべえむねはる》と名乗らせます。

九州出陣で小倉に来た豊臣秀吉は、この仇討ち話にいたく感動、自ら統治を目通りさせて、家臣に加えようとします。

このとき、六助改めて統治が申しますには、

「私と力くらべをして、勝った方の家来になりましょう」

「面白いことを言うやつじゃ」

機嫌のよかった秀吉は、自分の好きな相撲で決着をつけることにし、勇士を選んで立ち合わせます。

三十五人に勝ったあと、六助は木村又蔵に敗けます。誓言《せいごん》により、又蔵の主君加藤清正の家臣となり、秀吉のお声がかりでお園と結婚しますが、清正に従い文禄の役で朝鮮に進攻、彼の武勇を恐れる敵の謀略により悲運の最期をとげます。

『下毛郡誌』、『宇佐郡史論』は、貴田孫兵衛統治を実在の人物としていますが、こうして耶馬渓には二つの仇討ち話が生きています。

その一つが、桃山時代、山国川上流の霊場英彦山麓を舞台に、毛谷村の六助を主人公とする仇討ち賛美譚《さんびたん》で、もう一つが、同じ流れも山国川の中流、青の洞門開削にまつわる、回国僧禅海を父の仇と狙う中川実之助の仇討ち話が、ひとひねりして、仇討ち否定の仇討ち譚となっています。

木田孫兵衛（毛谷村六助）墓

どちらも史実とは言い難いところですが、二つの名編が、山国川の流れに洗われて花ひらいたところに耶馬渓の限りない重さを感じます。

奥耶馬の槻木《つきのき》村の中心からさらに数キロ足を延ばしますと、渓《たに》はせばまり、道は痩せた山国川から離れて坂道へかかります。

六、七軒の人家が陽当たりのいい高台の斜面に、重なり合うように屋根を寄せあっています。毛谷村集落です。

そのうちの喜登喜《きとうき》八郎氏の庭先に、「木田孫兵衛墓」と、自然石に力強く彫りこまれた堂々たる墓が立っています。明治十三年、「槻木迅造《じんぞう》之を建てる」とあります。

集落のまわりは一〇〇〇メートル級の山々が囲む別天地で、八キロほど西方に英彦山の山頂がそびえているはずですが、毛谷村の山ふところからは樹々の廂《ひさし》にさえぎられて見ることができません。

35 霊峰英彦山

▼山国町槻木

中津から十四里（五六キロ）、柿坂からは八里（三二キロ）の英彦山は、また耶馬渓発祥の奥の院でもあります。

大分・福岡の県境にそびえる最高峰（一二〇〇メートル）で、競秀峰と同じ旧耶馬渓溶岩によってつくられており、天狗の棲む山との伝説をもつ異相の名山です。

一般に福岡県の山として通っていますが、耶馬渓を潤す母なる山国川も、英彦山の東南、薬師峠の大分側、籠水《かごみず》の洞穴に源を発して、五二・二キロを流れ下り、中津で豊前海に注いでいますし、耶馬渓、日田、英彦山をたばねて国定公園に指定されているところです。守実《もりざね》からは五里（二〇キロ）、快適なドライブ・ウェイが開通、より身近な山になりました。

かつて修験道《しゆげんどう》の九州総本山として栄えた英彦山は、「七里結界《けつかい》」といって、七里四方を彦山権現の所領とし、現在の山国町の全部と耶馬渓町の一部までを支配していた時代があり、英彦山と山国谷との関係がたいへん深かったことが推理できます。

守実から英彦山を望む

彦山麓の槻木《つきのき》村では、近年まで英彦山神社の祭礼には村をあげて詣でたといいますし、英彦山から山国の渓におりて庭園を築いた雪舟の史跡、「彦山権現誓助剣《ひこさんごんげんちかいのすけだち》」にみる毛谷村六助伝説や、草本金山と彦山山伏の関わりあい、また守実に残る、彦山座主《ざす》となった夫の冷遇にたえきれず、山を下って守実の辺りに仮屋《かりや》をたて淋しく世を去った「花房姫」の哀れな伝説、はては彦山坊家《ぼうけ》と山国住民との土地所有権をめぐる争いなど、英彦山と山国谷の関係の深さを物語っています。

英彦山神社本殿（奉幣殿）は英彦山町にあり、かつて彦山の宗教的中心であった「霊仙寺」大講堂を改修したもので、山頂には上宮があり、彦山権現が鎮座しています。

英彦山は初め、太陽神の子・日の子《ひこ》の鎮《しず》まるところとして日の子山といい、宇佐神宮の元宮《もとみや》・御許山《おもとさん》の姫神（三女神）信仰に対して、男神《おとこがみ》（天忍穂《あめのおしほ》耳命《みみのみこと》）の信仰から名付けたそうですが、平安の初め、嵯峨《さが》天皇のみことのりにより「彦の宮」＝「彦山」にあらため、江戸時代の初め、霊元上皇のみことのりにより、「英《えい》」の字を加えて「英彦山《ひこさん》」と呼ぶようになったとあります。

修験道の開山は、北魏の善正《ぜんしょう》と伝えています。創立年代ははっきりしませんが、平安朝の嘉保元（一〇九四）年には彦山の衆徒が蜂起して、時の九州の長官・大宰大弐《だざいだいに》藤原長房を京へ追いかえすほどの力をたくわえるまでになっています。

戦国時代、九州の諸大名はこの彦山の勢力を無視できず、トラブルをおこします。龍造寺、大友が彦山を攻撃、焼き討ちにしたのも、原因は、思いどおりにならぬ彦山を踏み潰そうとかかったのです。

この二回の災難で彦山は一時衰微しますが、元和偃武《げんなえんぶ》（元和元年という年をもって世が平和になった）といって、江戸時代の泰平の世を迎えて復興、元禄ごろの最盛期は三千八百もの僧坊が建ちならんだといいます。幕末、豊後の尊王学者 長 梅外《ちょうばいがい》の教えをうけた勤王僧たちは、豊前の倒幕運動のさきがけとなります。

明治の神仏分離令で、修験道場としての英彦山は崩壊し、現在は霊山と英彦山式風景をバック・ボーンとして、観光と青少年の錬成に努め繁栄しています。

36

蓑虫山人《みのむしさんじん》と羽高《はだか》の天然橋

▼山国町上中間岩伏

平成二（一九九〇）年三月十五日、別府に住んでおられる著名な写真家・藤田晴一《せいいち》氏によるＮＨＫ番組『放浪の画家・蓑虫山人』に感動した私は、藤田氏の驥尾《きび》（駿馬《しゅんめ》のあと）に付し、この三十六項目をもって案内記の締めくくりとしたいと存じます。

耶馬渓にはその奇景にひかれて多くの画家が入渓していますが、蓑虫山人もその一人です。名前がそうであるように、かなり毛色の変わった放浪画家です。

幕末から明治にかけて全国を放浪、明治三十三（一九〇〇）年、名古屋の長母寺《ちょうぼ》で息をひきとります。六十五歳でした。

美濃の豪族土岐《とき》氏の一族で、天保七（一八三六）年正月三日、美濃国（岐阜県）安八《あんはち》町（揖斐《いび》川・長良《ながら》川の流域）に生まれ、土岐源吾《げんご》と名乗っていたようです。

土岐氏は戦国時代に斎藤道三に攻められて亡び、江戸時代に入り、「結村の殿さま」といわれてきた豪農の実家が長良川の水害で没落、そのうえ、生母なか女（の庶子《しょし》）に死なれたショックから故郷を棄てたのが十四歳のときだったと、断片的ながら彼の生い立ちの不幸が語られています。

八歳のとき琵琶湖の竹生島《ちくぶじま》の寺へやられた経験をもつ彼の足は、国を出ると、自然に人気《ひとけ》のさかんな京《みやこ》へ向かいます。

その京で幸いにも清水寺の寺男の職にありつき、重助《じゅうすけ》と名を変えて働くうちに、成就院《じょうじゅういん》（清水寺内）の住職で、当時勤王僧として洛中に重きをなしていた月照《げっしょう》に目をかけられます。かれが勤王の志士としての一面をもつに至った原因です。

時は幕末、安政の大獄が近づき、身辺に危険が迫った月照は、活路を薩摩に求め、西郷隆盛と鹿児島へ脱出します。

このとき、重助は月照の付き人としてお供をします。二十二歳のときです。

薩摩では、島津久光が月照を鹿児島におくことを許さず、責任を感じた西郷は月照を抱き錦江湾に入水《じゅすい》しますが、月照だけが水死、西郷は重助によって助けられるという思いがけない結果を迎えます。

この舟にはもう一人、名のある勤王の志士が乗っていました。

我が胸の燃ゆる思いにくらぶれば
煙は薄し桜島山
と詠った熱血の志士、福岡藩士の平野国臣《くにおみ》です。

初対面だったかどうかはわかりませんが、二人の出会いが土岐源吾を倒幕運動にのめりこませ、文久三（一八六三）年の生野《いくの》の挙兵と暴発、失敗して平野は斬られ源吾は足跡を消します。

どこへ行ったのでしょうか？　その大方《おおかた》は霧の中です。ただ、いよいよ彼がこの豊前地方に立ち現れたときには、圭角《けいかく》のある勤王の士でなく、自由闊達におのれの人生を生きようとする、一介の放浪画家に変身していました。

いったい、いつの間に、あのおおらかで明快な画技を身につけたのでしょう？

かれは長崎で水墨画を身につけたらしい、という画家がいます。洋画家の太田三郎氏です。「蓑虫の画技の最初の基礎的修練は、かれ二十五歳のころ、九州放浪時代、長崎の画僧・日高鉄扇に学んでいるのではないかと思う……」と。

心ある若者がそうであったように、討幕の怒濤運動に参加して挫折、心気一転、新しい生き方を身につけようと長崎を目指したのでしょう。

長崎に何年雌伏《しふく》したかは不明ですが、とにかく画技を身につけた彼は、名も蓑虫山人と漂泊者にふさわしいものにかえて、全国行脚に旅立ちます。

蓑虫のみのは、生まれ故郷の美濃をもじり「美濃生まれの風来坊です」としゃれたか、「俺は美濃武士の末裔《まつえい》だ」と、骨のあるところを見せたのかも知れません。

彼は旅の道中、半僧・半俗の異装で、頭には天井のない手製の帽子をかぶり、人目をひく恰好でしたが、眼はしっかりと人間や自然を見つめる鋭いものでした。

その天井のない帽子について一言しますと、彼は、常に厚紙に金襴《きんらん》を張った、天井のない帽子をかぶり、「これは帽子ではないから」と、部屋の中でも、またどんな貴人の前でもぬがなかったといいます。下手な恰好では門前払いを喰《くら》うからとの思いつきかららしいのです。なかなか芝居気もある畸人《きじん》です。

宇佐へやってきたのは二十五、六歳のころらしいと藤田氏もいわれていますが、そうだとすると、長崎時代からあまり間をおかずに豊前に足を踏み入れたことになります。

画家というので、宇佐郡麻生村の素封家《そほうか》で、文化人を好遇する山口家に鄭重に迎えられ、近くの禅源寺《ぜんげんじ》と合わせて約四十日間滞在、宇佐神宮に始まる上・下二冊の絵日記を残します。その内の半分近くの八十枚が耶馬渓の風物で、青の洞門、羅漢寺をはじめ、豊前地方の素朴な人物や風景が自由闊達に描かれています。

山人の画は、その大方が墨を基調とした文人画風のものですが、中には天然の植物を使った淡彩画もあります。

「叔父蓑虫の使用した絵具は、くちなしの実、ちさの実、桑の実、菜の花など、みな天然の植物性のものばかりです」

と、山人の甥《おい》・光孝《みつたか》氏は語っています。

さて、その蓑虫山人が山口家に残した画の中に、耶馬渓中・中摩《なかま》村「天然橋」と題された一枚に惹かれた藤田さんは、その場所を捜しにかかります。

山人の画は、俳画や山水画のような空想画ではなく、ほのぼのとしているが、あくまで写生画であることを知っているからです。

そして、とうとう藤田さんは実在する天然橋を見つけました。

なんと、思いもかけずその橋は、山人が根城とした麻生《あそう》谷から三〇キロも西へ離れた、奥耶馬の秘境に架かる天然橋でした。

平成二年五月三日、その天然橋を見るため私も、耶馬渓・山国両町境にそびえる中摩殿畑《なかまとのはた》山（九九一メートル）系の秘境・羽高渓の探訪へ出かけることにしました。

守実の三キロばかり東、大王丸《だいおうまる》のバス停で国道212号線と分かれ、田野尾川の渓へ入ります。折から、燃えるような若葉を押し分けトンネルを一つくぐると、最初の集落が現れます。この、中詰《なかづめ》という集落にある雪舟の庭を観て、さらに三キロほどで高台にのった最後の集落岩伏《いわぶせ》の手前に着きます。

そこに立つ道しるべをたよりに、左手の谷へ降り、丸木橋を渡って谷沿いに登ると、杉山へ入ります。電光形の踏み分け径《みち》を約一〇〇メートル登ると、杉林を横切る用水路と出合います。

案内板の、「左へ、三〇メートル先の谷に沿うて、更に二〇メートル登ると天の岩戸」の文言に勇気づけられ、用水路を伝って谷川へ降り、谷川を二回ほど右、左に縫いながら高度を上げていきますと、突然、右側斜面に木立を通して、大岩壁を橋脚《きようきやく》にした巨大な荒々しい安山岩の大アーチが現れます。

まさに、息を呑む瞬間です。山人が描き、藤田氏が魅せられた、天然橋が目の上に架かっています。

谷を渡り、岩を踏んで、その梁《はし》に近づきます。狭い空を塞《ふさ》ぐようにして、はるか頭上を跨いだ荒々しい姿は、恐怖さえ覚える凄まじい神々の造形物です。

大岩壁の右側は、下段から順に五つばかり洞窟が暗い口を開いています。天の岩戸です。最上段のそれは、大人五十人ぐらいが坐れる大洞窟です。

天然橋を見上げながら、私は一つの仮説を組み立てました。

山人をこの谷へ招き寄せたのは、それはまず、雪舟の庭ではなかったかと……。

室町後期の画聖・雪舟が、英彦山からこの羽高の渓へ下ってきて庭を築いたという故事は、この地方では知られているし、耶馬渓を画きつづけた山人が、同じ画家のはしくれとして、先師ともいうべき雪舟の手になるという庭を観るためこの渓へ入り、たまたま里人に聞いた

西京橋（藤田晴一氏撮影）

仙人梁《せんにんばし》（天然橋）という絶好の画題を見のがすはずはない、彼が、麻生の禅源寺に庭を築いたのは偶然ではない……と。

彼は、その後廻遊した東北地方で、岩手県の水沢市公園をはじめ、十指にあまる造園をしています。

なお、山人が画いた天然橋は、すでに一部の文人たち（広瀬淡窓の後継者・旭荘《きょくそう》など）の間では、「仙人梁（橋）」と呼ばれていたようで、それが、現在「西京橋《さいきょうばし》」と呼ばれるようになった理由は、岩伏の下手、羽高集落の東側に屹立《きつりつ》する鷲岩とならび、さらに一段高くそびえたつ京岩《きょういわ》に対し、仙人梁は、羽高の渓をへだてた西側の山に位置するところから、西京橋とみやびに呼ぶようになったのではといわれています。

ともあれ、一見魔神の創造力を思わせる、奇勝・西京橋の凄まじい影像を胸にきざんで、私は羽高渓をあとにしました。予想もしなかった素晴らしい収穫に満足しながら……。

主要参考文献

坂本辰之助『頼山陽大観』
徳富蘇峰『近世日本国民史　家康時代・中巻・大阪役』
大分合同新聞社『豊後大友物語』
『大分県史　近世Ⅱ』
高橋哲華『蓑虫山人』
原田種純『物語　中津藩の歴史』上巻
田代政栄『秋月史考』
長野　覺『英彦山修験道の歴史地理学的研究』
溝淵芳正『豊前　一戸城物語』
児玉幸多・北島正元『物語藩史8　福岡藩』
『消えた耶馬の鉄道』耶馬溪鉄道史刊行会
『山国町郷土誌叢書』山国町史刊行会
『耶馬溪町史』耶馬溪町教育委員会
山本利夫『耶馬溪百年史』
『本耶馬溪町史』本耶馬溪町史刊行会

加藤通夫『禅海と「青の洞門」のすべて』
池邊貞喜『青の洞門開主　福原禅海』
松林史郎『耶馬の夜明け』、『耶馬に薫る』、『耶馬の奇岩城』、『御許山の旗』、『反骨の系譜』

あとがき

本書執筆の意図は「はじめに」で述べましたが、「物語」と「案内記」を組み合わせた関係で割愛を余儀なくされた名勝や物語が多々あったことを、まず地元の方々にお断り申し上げます。なお、「案内記」と銘うちましたことから、地元、各町村役場の町村長さまをはじめ職員の方々の温かいご援助をいただき、厚くお礼申し上げます。

ことに、旧下毛郡町村長会会長の吉峯元山国町長さまには、身に余る「序文」をたまわり、光栄に存じます。

ささやかなこの小冊子が、郷土観光浮揚のお役に立てば幸いと存じます。

また、左記、各町観光担当の方々には、炎暑とご多忙の中を、現地の案内や写真撮影にお骨おりいただき、感謝のことばもございません。

旧山国町役場　船方祐司さま　熊谷　渡さま

旧耶馬溪町役場　梅木憲平さま

旧本耶馬渓町役場　平原　潤さま

さらに、宇佐市の小倉正五氏、別府市の藤田晴一氏、山国町の河野一氏、江島八郎氏御夫妻、耶馬溪町の宮脇幸男氏、本町の羅漢寺御住職太田親成氏、田中照一氏をはじめお世話になりました方々に心からお礼申し上げます。

最後に、葦書房時代からの名編集者別府大悟氏に再びお世話いただいた悦びと併せて、海鳥社の皆様に厚くお礼申し上げます。

一九九〇年九月

松林史郎

【改訂新版発行にあたり】


父・松林史郎（安蔵）が他界して、はや十八年の歳月が流れました。その間に、「平成の市町村大合併」が行われ、懐かしい地名も少しずつなくなり、あちこちで史跡の風化が進んでいるように思われます。

折しも、〝故郷の美しい山川〟と〝先達の遺したもの〟を守り、次の世代に伝えていこうとする気運が、中津市の各支所を中心に高まりつつあるようです。その広がりの一端に、この改訂新版『物語　耶馬渓案内記』が加わることができれば幸いです。

出版に際しましては、海鳥社編集担当の別府大悟氏、山国町支所・江島勉、耶馬溪町支所・上家しのぶ、三光支所・大友準仁各氏並びに、本耶馬渓町支所の平原潤、三谷紘平、屋形義晴、秋吉実各氏に多大なご尽力をいただきました。厚くお礼申し上げます。　藤岡かつよ

松林史郎（まつばやし・しろう）　本名＝松林安蔵。大正元（1912）年10月24日，福岡県に生まれる。平成 4（1992）年死去。著書に『福岡県立京都高等学校四十年史』，『同六十年の歩み』（共著），『本耶馬渓町史』（共著），『福岡県の歴史散歩』（共著，山川出版），『耶馬の夜明け』，『耶馬に薫る』，『耶馬の奇岩城』，『御許山の旗』，『反骨の系譜』（以上 5 冊葦書房）がある。

【物語《ものがたり》】耶馬渓案内記《やばけいあんないき》　改訂新版《かいていしんぱん》

■

1990年11月10日　初版第 1 刷発行

2010年 5 月25日　改訂新版第 1 刷発行

■

著者　松林史郎

発行者　西　俊明

発行所　有限会社海鳥社

〒810-0072 福岡市中央区長浜 3 丁目 1 番16号

電話 092(771)0132　FAX 092(771)2546

印刷・製本　有限会社九州コンピュータ印刷

ISBN978-4-87415-770-1

［定価は表紙カバーに表示］